ELOGIOS PARA STEVE MILLER Y *SEA ORIGINAL Y ÚNICO*

«Miller es un gurú del mercadeo que enseña lecciones prácticas y con sentido común para ayudarlo a que se destaque, a darle una ventaja competitiva y a hacerlo... ¡original y único!»

—**Shep Hyken**, conferencista certificado, ganador del Premio de excelencia del Consejo de Pares y autor superventas de *The Amazement Revolution.*

«Me encantan los libros que perturban el modelo convencional de pensamiento. Steve Miller deja claro un punto clave y contraintuitivo sobre alcanzar un éxito sostenible: no compita, sea original y único. *Sea original y único* es una lectura obligatoria para cualquier dueño de un negocio pequeño que quiera evitar los errores típicos y emerger como una fuerza empresarial que cambie el juego y sea competitiva»

—**Art Turock**, revolucionario con desempeño de élite y autor de *Competent is not an option.*

«La innovación real es dura. Me he pasado cuatro décadas luchando para que los dueños de negocios dejen de lado el 'incesto del mercadeo' que ocurre cuando tienen una mentalidad centrada en la competencia. La cuestión se centra en la mentalidad antes que en cualquier otra cosa, incluyendo el crecimiento, la sostenibilidad y las ganancias. En *Sea original y único*, Steve reta de frente a la manera en la que las personas piensan en sus negocios. Ahora que las imitaciones surgen a la velocidad de la luz y las salvaguardas de precios y ganancias se están desintegrando, lo que Steve describe como 'la mentalidad original y única' es más vital que nunca»

—**Dan. S. Kennedy**, redactor, estratega de mercadeo directo y autor de la serie de libros *No B.S.*, la cual incluye *No B.S. Price Strategy* (www.NoBSBooks.com).

«Todo el mundo quiere tener una ventaja competitiva, pero no todos saben cómo obtenerla. *Sea original y único* cambia eso al presentar estrategias prácticas y herramientas que se explican con ejemplos contemporáneos e historias intrigantes. Lea este libro para sacarle ventaja a su competencia»

—**Mark Sanborn**, autor superventas de *El factor Fred*.

«Steve Miller es un maestro del mercadeo y una leyenda en el mundo de la consultoría. En *Sea original y único*, defiende con éxito qué es lo que se necesita para ser extraordinario en la esfera global siempre cambiante y altamente competitiva»

—**Nido R. Qubein**, presidente de la Universidad de High Point.

«No recomiendo ni apoyo nada a la ligera. Pero, como ya se los he dicho a los lectores de mi boletín, si usted es responsable de las ventas y el mercadeo de su organización, lo mejor será que acuda a Steve. Nos ha dado unos pasos e ideas claros y aplicables de mercadeo que significaron un incremento del 56% en las ganancias por suscripciones a día de hoy. No puedo esperar para ver la versión completa de su nuevo libro, *Sea original y único*. Es una manera nueva de pensar sobre el mercadeo, en un mundo competitivo, que deja al lector en el camino hacia el éxito»

—**Pete Harris**, copropietario de
Incisive Computing Solutions, LLC.

«Hace poco, si tenía una gran estrategia de mercadeo, un servicio al cliente espectacular, una herramienta barata para atraer tráfico a su web o cualquier otra ventaja ligera, tenía cierto nivel de seguridad relativa con respecto a su competencia. Hoy en día, no obstante, la competencia está cavando túneles subterráneos e infiltrándose por su sótano justo en este segundo. Ahora necesita una ventaja importante. Steve Miller se ha dedicado a pensar en la cuestión de cómo usted puede volverse original y único»

—**Perry Marshall**, autor de *80/10 Sales & Marketing,*
Ultimate Guide to Google AdWords y Evolution 2.0.

«Si alguien tiene el derecho de enseñarnos cómo ser original y único, ese es Steve Miller. Ha creado estrategias durante más de veinticinco años para este libro, el cual será todo un descubrimiento. Va más allá de la creación de marca y la innovación, cosas que, aunque valiosas, siempre nos dejan compitiendo. Ser de renombre mundial es bueno, pero ¡ser de renombre mundial y original y único es mejor! Este libro le dará tanto los 'qués' como el 'paso a paso' que necesita»

—**Bob Pike**, profesional certificado en aprendizaje y alto rendimiento, conferencista certificado, ganador del premio de excelencia del Consejo de Pares, fundador/director de P3 Associates, LLC. y fundador/editor del Training and Performance Forum.

SEA ORIGINAL Y ÚNICO

CÓMO CREAR UNA VENTAJA SIGNIFICATIVA ANTE SU COMPETENCIA

STEVE MILLER

TALLER DEL ÉXITO

Publicado por:
Taller del Éxito, Inc.
1669 N.W. 144 Terrace, Suite 210
Sunrise, Florida 33323
Estados Unidos
www.tallerdelexito.com

Editorial dedicada a la difusión de libros y audiolibros de desarrollo personal, crecimiento personal, liderazgo y motivación.

Traducción y corrección de estilo: Isabela Cantos
Diagramación: María Alexandra Rodríguez

ISBN: 9781607388296

25 26 27 28 29 R | GIN 06 05 04 03 02

Para mis niñas.
¡Aún mantengo mi promesa!

Contenido

INTRODUCCIÓN

Permítame decirle algo que ya sabe.

La competencia allá afuera es feroz.

¿Hay algo que no lo deje dormir por la noche? Si su respuesta corta es «la competencia», tiene todo el derecho a estar preocupado. La competencia es un reto enorme para cada industria del mundo y se hace más salvaje cada año a medida que más negocios se pelean por un trozo del mercado.

No obstante, existe un remedio para sus noches de insomnio. No es solo una nueva forma de sacarle ventaja a su competencia, sino una forma en la que puede lograr que todo el concepto de la competencia sea inofensivo e irrelevante. Es una solución que es al mismo tiempo tan evidente y simple como compleja, y puede darle dolor de cabeza.

¿Está listo?

Tiene que ser original y único.

Hoy en día, está atrapado en una rueda de hámster eterna para tratar de posicionar mejor a su compañía con respecto a la competencia. De repente se le ocurre una mejora de producto que, claramente, es superior a la de ellos. ¡Victoria! Pero al día siguiente, ellos aparecen con una mejora de su mejora. Y resulta que lo que sacaron es algo un poco mejor que lo suyo. ¿Escucha ese sonido metálico? Sí, ellos también están atrapados en una rueda de hámster igual a la suya y están comprometidos con una carrera que nadie ganará.

El problema con la estrategia de la rueda de hámster es que se basa en volverse *mejor* que la competencia. Pero usted no quiere ser mejor, pues lo mejor puede superarse en un ciclo infinito. La única manera de salirse de esa rueda de hámster es volviéndose *original y único*: demostrable, clara, indudable, medible y significativamente *original y único*. Lo que pasa es que aún no ha descubierto cómo funciona eso.

Pero muchas compañías *sí* lo han descifrado. Es interesante: ninguna de ellas logró llegar a su posición dominante en unos mercados muy competitivos gracias a productos únicos y superiores, pero le apuesto a que los reconocería.

Disneyland y Disney World son originales y únicos. Los parques temáticos de Disney son parques de diversiones que están extremadamente bien diseñados. Existen un montón de otros parques de diversiones bien diseñados alrededor del mundo, pero Disney en realidad no vende parques de diversiones. Vende parques temáticos que incluyen experiencias impresionantes y únicas en la vida.

Harley-Davidson es original y único. Harley-Davidson vende motocicletas. Sus motocicletas no son únicas o superiores a las que vende su competencia. Pero, claro, Harley-Davidson en realidad no vende motocicletas. Vende la membresía a una comunidad exclusiva y muy cerrada, la cual se convierte casi en una experiencia tribal.

La tienda de American Girl es original y única. Y la tienda de American Girl vende muñecas. Estoy seguro de que puede encontrar otras muñecas (Barbie, por ejemplo), pero la tienda de American Girl en realidad no vende muñecas. Vende poder femenino: mayor autoestima, confianza y, a veces, experiencias educativas históricas que las niñas quieren compartir con sus amigas.

¿Cree que estos gigantes han llegado a donde están con precios bajos? La respuesta sería un enorme «por supuesto que no». Un pase de un día para Disney World cuesta más de 100 dólares. Una muñeca de American Girl no baja de 150 dólares (ah, pero ¡incluye un pequeño libro!) y una Harley-Davidson básica le restará unos 7.000 dólares de su cuenta bancaria… y el doble si quiere una mejor. Entonces, ¿por qué las personas hacen filas y gastan tantísimo dinero cada vez que sale un nuevo modelo de motocicleta o se presenta un nuevo personaje de la línea de muñecas?

Cada una de estas compañías ocupa una posición única en su mercado, una por la cual su competencia vendería felizmente a sus primogénitos varones. Y cada una ha logrado desarrollar con mucho cuidado una relación casi irrompible con sus públicos objetivos mejor calificados.

Y lo han hecho estando en unos mercados muy competitivos.

Puede que esté pensando: *pero estas son marcas enormes y reconocidas. ¡No tengo el dinero infinito y los recursos que tienen esas marcas para diferenciar a mi empresa de la competencia!*

Bueno, ¿ha escuchado hablar sobre estas compañías?

- Stor-Loc.

- Incisive Computing.

- Sunriver Brewing Company.

- Strictly Bicycles.

- Cafe Sintra.

¿No? Todas son negocios pequeños, quizás más pequeños que el suyo, y han logrado quedar en una posición competitiva muy deseable y única en sus respectivas industrias. De una manera u otra, todas son originales y únicas.

Piense en Fabletics: cofundada por la actriz Kate Hudson, Fabletics ha explotado en el mercado de 44 mil millones de dólares de ropa deportiva y se ha valorizado como una compañía de 200 millones de dólares en solo dos años y medio[1]. ¿Cómo lo hizo? Contar con una credibilidad estelar está bien, pero es el modelo de negocio que Fabletics ha construido el que de verdad hace la diferencia. Al actualizar constantemente colores, texturas y patrones, Fabletics crea colecciones enteras, temáticas y atléticas. Es moda rápida, desde el diseño hasta la entrega, en ocho semanas.

Pero el punto en el que la compañía de verdad se sale del molde es en *cómo* vende. En lugar de tener la típica tienda en línea que ofrece una colección de mercancía, Fabletics vende una suscripción

---

1 *Dressing Down: The Rise of Athleisure*, CBS News, mayo 22 del 2016, http://www.cbsnews.com/news/dressing-down-the-rise-of-athleisure/.

mensual. Los suscriptores obtienen descuentos. Las colecciones nuevas se lanzan el día 1 de cada mes, pero siempre hay muchísimos incentivos entre los ciclos para atraer a los compradores. Sin embargo, si cancela su suscripción, no será el primero en ver las últimas colecciones. Estará desconectado. Fabletics no solo vende ropa. Vende una membresía para tener un modo de vida joven, atlético y a la moda; la oportunidad de tener un nuevo atuendo y estilo, y ser parte de una experiencia positiva de expresión propia cada mes.

LOS TRES COMPONENTES TRADICIONALES DE LA COMPETENCIA

Durante años, los consejeros de negocios, los profesores universitarios y los autores nos han enseñado que hay tres componentes básicos para la diferenciación competitiva:

1. Puede tener un mejor *producto*.

2. Puede tener un mejor *precio*.

3. Puede tener un mejor *servicio*.

Podríamos crear una estrategia competitiva basándonos en dos de esos componentes, según nos han dicho, pero no era posible tener los tres al tiempo. ¿Un gran producto a un precio bajo? Genial, pero entonces no podía permitirse prestar un servicio increíble también. ¿Un gran producto con un servicio espectacular? Fantástico, pero tiene que cobrar un precio alto para lograrlo. ¿Y qué hay de un precio bajo con un servicio de primera? Es poco común, pero posible. Desafortunadamente, tendría que sacrificar un gran producto, quizás a través de una manufactura de menor calidad o usando materiales más baratos, para poder mantener el servicio de primera. El punto es que, sin importar cómo los dividiera, solo tenía la esperanza de destacarse en dos de esos tres componentes.

¿Cree que esa fórmula sigue siendo cierta hoy en día?

¡Por supuesto que no! Los avances de la tecnología y, en particular, el internet y la fuerza computacional han borrado de un tirón cualquier oportunidad de crear y producir un producto único. Sus productos y servicios son muy similares a los que ofrece su competencia y cada vez es más difícil diferenciarse.

Un estudio del 2014, *Evitando la trampa de la comodificación*, de Roland Berger y la Asociación Internacional de Supervisores, demuestra que los productos estandarizados están impactando los precios y los márgenes, amenazando así a las compañías en todas las industrias.

El estudio dice:

«Casi todas las industrias de hoy en día están teniendo problemas con la creciente comodificación de sus productos y servicios. Eso le está poniendo una presión considerable a los precios y los márgenes y hace que se cree una competencia más feroz. Y no solo el mercado masivo se está viendo afectado: incluso los productos más complejos e innovadores están sujetos a una estandarización cada vez más técnica y cualitativa. El resultado es que los nuevos jugadores que entran al mercado están volviéndose cada vez más competitivos, mientras que los proveedores ya establecidos se están volviendo mucho más intercambiables. El estudio demuestra que el 63% de las compañías encuestadas ya están sufriendo por la comodificación de sus productos y servicios; no obstante, el 54% aún tienen que dar los pasos pertinentes para escaparse de eso. En muchas compañías existe una brecha significativa entre reconocer la trampa de la comodificación y reaccionar de una forma acorde[2]».

---

2 Roland Berger Strategy Consultants, *The Commodity Trap*, abril del 2014, https://www.rolandberger.com/en/press/Press-Release-Details_5589.html

Quizás usted piense que *es* diferente de su competencia. La cosa es que no puede entender por qué sus clientes y prospectos no lo ven tan claro como usted, pues le parece que siempre se ve forzado a competir con precios, lo cual afecta bastante sus ganancias porque no puede obtener los márgenes que le gustaría tener.

Respóndame esta pregunta: ¿por qué sus clientes hacen negocios con usted? ¿Sabe qué? Ya conozco la respuesta. ¡Sus clientes hacen negocios con usted porque tiene la *mejor* gente que presta el *mejor* servicio al cliente de su mercado! Sé que eso es lo que está pensando porque es lo que dice en su página web, en sus panfletos y en sus videos. Y eso no es lo bastante bueno, pues su competencia está diciendo justo lo mismo.

El problema con la frase «servicio al cliente» es que es una frase trillada que suena muy profesional, pero que no tiene un significado real definitivo. Es una generalidad vaga. Su definición de servicio al cliente puede ser (y quizás lo es) completamente diferente de lo que sus clientes piensan que es.

Aun así, dice que presta un gran servicio al cliente. Cada uno de sus competidores también defiende que presta un gran servicio al cliente. El tipo que le corta el césped también dice que presta un gran servicio al cliente. ¡Incluso United Airlines y Comcast dicen que prestan un gran servicio al cliente!

Piénselo. ¿A qué se refiere *con precisión* cuando dice que presta un gran servicio al cliente? ¿Se refiere a que entrega sus productos a tiempo? Fantástico, pero ¿acaso no es eso lo que se supone que debe hacer? Si promete que va a entregar el producto en cierta fecha y lo hace, ¿por qué tendría que ser esa una acción encomiable?

¿Hace que pedir su producto sea fácil? ¿Responde rápido el teléfono? ¿Resuelve pronto un problema o inconveniente cuando se presenta? ¿No se supone que todos deberíamos hacer eso? ¿Esas cosas no deberían considerarse como el nivel básico de servicio? ¿Cuándo y cómo se convirtieron en ventajas competitivas?

Hace poco me estaba preparando para dar un discurso en una gran reunión de un distribuidor de repuestos automotrices en Dallas. Usé esa oportunidad para visitar a un par de distribuidores que tenía cerca en Seattle. En una conversación, el dueño estaba hablando sobre cómo quería que su distribuidora fuera reconocida por su servicio al cliente de clase mundial. Citó un ejemplo de cuando su esposa llamó a su banco para hacerles una pregunta: «¡un humano contestó el teléfono! Mi esposa quedó asombrada. ¡*Eso* es lo que vamos a hacer! ¡Vamos a responder el teléfono!».

Aunque entendía su entusiasmo por esa idea disruptiva, no pude evitar pensar en aquella época en la que *todo el mundo* contestaba el teléfono. ¡Teníamos que hacerlo! No había ninguna otra opción. Ahora, mientras la tecnología desarrolla nuevas y «mejores» maneras con las que podemos comunicarnos (o no comunicarnos), este método de comunicarse con los clientes ha pasado de ser, por arte de magia, una tecnología del ayer a una ventaja competitiva. Es impresionante.

Por supuesto, es cuestión de tiempo para que su competencia le copie eso también. Ambas partes estarán atrapadas en la rueda de hámster. ¿Cómo se quedaron estancadas y cómo pueden, tanto ellos como usted, salirse de allí?

LAS TRES TRAMPAS
Trampa #1: comodificación

Cuando hablamos de la comodificación, usualmente hablamos de lo entregable: el producto o servicio que proveemos. La mayoría de nosotros creemos, con terquedad, que, de alguna manera, el producto que estamos presentando es único, pero, por supuesto, eso casi nunca es verdad. Todos los padres y madres piensan que sus hijos son especiales. Demasiados padres incluso ven a sus hijos e hijas como el siguiente Tiger Woods, Serena Williams o LeBron James. Pero no, no lo son. Como una persona de negocios, lo que tiene para entregar es *su* hijo. Y las probabilidades dicen que su perspectiva sobre lo único que es su producto esté tan comprometida como las creencias de esos padres. Esta perspectiva (que lo que tiene para entregar es más único de lo que es o que seguirá siéndolo) es uno de los tres elementos que pueden llevarlo a lo que yo llamo la trampa de la comodificación. Si quiere culpar a alguien, culpe a la tecnología.

He leído que hemos visto más avances en nuestro conocimiento y tecnología en los últimos veinte años que en toda la historia de la humanidad hasta hoy en día. Mi hermosa, inteligente y astuta hija de veinticuatro años, Kelly, jamás vio cosas como:

- Teléfonos negros de disco, con cables y pegados a la pared.
- Carros sin cinturones de seguridad o aire acondicionado.
- Palancas de cambios en columna.
- Cartas escritas a mano siendo la regla, no la excepción.
- Noticias nocturnas presentadas por Walter Cronkite o Huntley y Brinkley.
- Controles remotos (aunque mi papá siempre dijo que tenía un control remoto: «Steve, párese del sofá y cambie de canal. ¡Ya es hora de *Candid Camera!*»).

El avance sin descanso de la tecnología tiene un precio, especialmente para usted, un emprendedor o dueño de un negocio pequeño. Antes era normal que un negocio pudiera desarrollar un producto nuevo o bastante mejorado y disfrutar de una ventaja competitiva durante muchos meses, a veces incluso durante años. No era solo porque las patentes protegieran los productos nuevos.

¡Era porque era dificilísimo copiarlos! Hoy en día es tan fácil copiar un producto nuevo o mejorado que es difícil, si no imposible, crear y mantener productos que sean *originales y únicos.*

Tuve un rol periférico en el lanzamiento del trapero Swiffer WetJet en el 2001. Se suponía que iba a cambiar las reglas del juego en la categoría de artículos para la limpieza del hogar. Y lo hizo… durante unas pocas semanas. Con rapidez, los competidores sacaron sus propias versiones del Swiffer WetJet y, en poco tiempo, ya no fue algo único. Si no hubiera sido por la inteligencia de mercadeo y la fuerza que Proctor & Gamble tenía, quién sabe si aún existiría. ¿Cuántos otros productos nuevos y únicos por un período breve de tiempo se han presentado desde entonces para que luego los copien en un instante? A menudo escucho que un miembro de una audiencia o un cliente se lamenta así: «creamos este producto nuevo que es genial de verdad… ¡y la maldita competencia se lo robó!». Pero están pasando por alto lo más importante: hoy en día, la idea misma de desarrollar un producto nuevo y único, de producirlo y de obtener una ventaja a largo plazo gracias a él es absolutamente risible.

Esta es una nueva realidad, gente. En el mundo de hoy, si algo *puede* copiarse, *se copiará.*

> # SI ALGO *PUEDE* COPIARSE, *SE COPIARÁ.*

Seguro que no quiere que eso le pase. No quiere ser imitable. Quiere escaparse de las ataduras de la comodificación. Y eso requiere de una nueva estrategia, de una nueva forma de pensar sobre la competencia y su relación con sus clientes.

Trampa #2: estrategia competitiva

Fíjese en industrias como los hoteles, los automóviles, las aerolíneas e incluso los restaurantes de comida rápida. Enfóquese ahora en las marcas más reconocidas de cada una de esas industrias. Normalmente, son unas seis.

Ahora, estudie sus estrategias. ¿Qué es lo que ve? Es probable que vea una estrategia común, una ortodoxia estratégica, si es que quiere llamarla así. Los líderes tienden a ser parecidos y actuar de modos similares. ¿Cuál fue la primera cadena hotelera que ofreció máquinas de café dentro de las habitaciones? Es probable que no lo sepa (creo que fue Holiday Inn, pero no puedo probarlo).

¿Y cuántas habitaciones de hotel tienen máquinas de café ahora? ¡Todas!

¿Y qué hay del «beneficio» más reciente de los tubos curvados para las cortinas de la ducha en los baños? ¿Quién empezó con eso? De hecho, fue la cadena de hoteles Westin, gracias a Sue Brush, quien entonces era la vicepresidenta sénior, pues un empleado le envió una foto de catálogo de un tubo curvado, así que ella se la envió a Barry Sternlicht[3], el director ejecutivo de Westin. Hoy en día, la mayoría de las habitaciones de hotel ofrecen tubos curvados para las cortinas de la ducha.

¿Por qué sucede eso? Todo es porque las cadenas hoteleras se observan muy de cerca unas a otras. De hecho, me atrevería a decir que todas las cadenas hoteleras se gastan la mayor parte de su mercadeo y tiempo de lluvia de ideas estudiando a la competencia. «Oigan, Westin adoptó una cosa llamada la cama celestial. *Podemos* hacer eso… ¡e incluso mejor que ellos! ¡Nosotros ofreceremos camas con colchones Sleep Number!».

Ya sea que quiera admitirlo o no, su industria, bien sea una B2B (negocio a negocio) o B2C (negocio al consumidor), también es así.

---

3 *Marketing Immortals*, Sue Brush, http://marketingimmortals.com/categories/corporate-client/sue-brush/.

En los últimos 30 años, he sido consultor y he hablado en organizaciones de 126 industrias diferentes. La variedad me impresiona: manufactura, construcción, comida, almacenamiento portátil, diseño de páginas web, petróleo y combustibles, dulces, salud, bebidas no alcohólicas, café, ejercicio, juguetes, repuestos automotrices… La lista es larga. Aunque la mayoría de mi trabajo sucede en el mundo B2B, he notado que hay algunas prácticas comunes en todas las industrias sin importar que sean B2B o B2C.

Como ya lo señalé, cada industria practica una ortodoxia estratégica común. No ocurre por accidente. Ocurre por heurística. Por ejemplo, si trabaja en la industria de la manufactura, vive en una comunidad centrada en la manufactura. Muchos, si no la mayoría, de sus amigos están en la industria de la manufactura. Se pasa la mayoría del tiempo pensando en la manufactura. Quizás haya ido a ferias de manufactura, como el International Manufacturing Technology Show, la East-Tec o quizás la Hannover Messe. Lee revistas de manufactura, como *Machine Shop*. En general, se pasa los días de trabajo rodeado de compañeros que piensan, comen, beben y duermen pensando en la manufactura. Todos ustedes hablan del producto o servicio que le prestan a la industria. Hablan sobre proveedores, clientes y competidores.

Es su mundo.

De la misma manera en que usted vive enfocado en la manufactura, otros viven en el mundo de los dulces. Tienen amigos y conocidos en la industria de los dulces. Van a la Sweets & Snacks Expo y leen la revista *Candy Industry*. Hablan sobre proveedores, clientes y competidores, todos con un comportamiento similar. Pero sus mundos no se cruzan mucho, si es que alguna vez lo hacen. Usted no va a la Sweets and Candy Expo y ellos no van al International Manufacturing Technology Show. Esto también aplica para otros «mundos» infinitos en los que la gente vive y trabaja. Entonces, cuando usted o su compañía quieren innovar, ¿de dónde sacan nuevas ideas? Seguro no de la industria de los dulces. Pero sí miran dentro de su mundo. Es lo más natural porque es la heurística que hemos desarrollado.

Y eso es un error.

Claro, tiene que estar al día de lo que hace la competencia. Si alguien más añade una mejora, como una barra curvada para la cortina de la ducha, usted tiene que dar un paso más en su estrategia también, incluso si eso significa copiarse. Después de todo, su mercado objetivo siempre basará su nivel mínimo de expectativas con respecto a lo mejor que se esté ofreciendo en su industria. Incluso puede que sea capaz de mejorar esa nueva característica que introdujo su competencia… «Más de lo mismo, pero mejor», como diría mi amigo Art Turock.

Sin embargo, lo «mejor» es temporal. Dentro de una industria, la competencia es como un desfile circular de orugas en fila, una inmediatamente después de la otra. Todas permiten que la oruga del frente las guíe con respecto a las nuevas ideas. Como dije antes, si puede copiarse, todo el mundo lo copiará. Como resultado, la competencia no engendra innovación. *La competencia engendra conformidad.*

La mala noticia es que este comportamiento es una práctica común. La buena noticia es que, en realidad, es muy fácil salirse de ese desfile.

La estrategia competitiva puede usarse para crear una diferencia significativa entre usted y su competencia, pero no sucederá si usted solo los observa para tener ideas «nuevas». Desarrollar una

LA COMPETENCIA NO ENGENDRA INNOVACIÓN. LA COMPETENCIA ENGENDRA CONFORMIDAD.

ventaja original y única requiere de crear una estrategia con unos ojos nuevos y que lleven la contraria. Tiene que mirar a su industria, su competencia y a sus clientes a través de un filtro distinto.

Trampa #3: la presión del precio

Cuando las personas consideran una compra, ya sea de un producto o servicio, sopesan su percepción de los diferentes valores que les ofrecen los proveedores potenciales. Todos sabemos instintivamente que el valor es algo más que el precio, pero con frecuencia, como proveedores, tenemos dificultades explicando por qué *nuestro* valor es mejor que los precios de los *otros*.

Y eso es algo terrible.

Cuando los clientes potenciales no pueden diferenciar entre dos productos basándose en el desempeño y la calidad, se fijan en la calidad del servicio de las compañías que los producen. Si no pueden discernir la diferencia entre los niveles de servicio de las compañías, solo les queda algo que comparar: el precio. No queremos que eso suceda. No queremos competir con precios porque esa es una batalla perdida.

Entonces, ¿cómo se alcanza una superioridad original y única? ¿Cuál es el código secreto que tantas compañías no logran descifrar?

Una palabra: *enganche*. Tiene que enganchar a los clientes.

Durante muchos años, expertos en negocios, autores y conferencistas nos han vendido la importancia de crear clientes leales y apasionados. Nos dijeron que teníamos que inspirar a evangelizadores y a promotores que llevaran nuestro Kool-Aid a todo el mundo.

Pero existe algo que está muy errado en esa perspectiva: es *nuestra* perspectiva. Nosotros, los proveedores, vemos esa situación a través de *nuestros* ojos. Queremos *lealtad*. Queremos *evangelizadores*. Queremos *promotores*. Está bien que queramos esas cosas, pero convertirlas en nuestro objetivo es poner el carruaje por delante de los caballos. La lealtad no surge de la nada. Algo importante tiene que pasar antes de que se inspire. Al inicio, la gente no compra productos o servicios con la intención de desarrollar una relación con el productor... ¡y menos con la idea de convertirse en evangelizadores de nuestro producto!

Primero, nuestros clientes deben *engancharse* a nosotros tanto profesional como personalmente. Es todo un reto, pero el enganche es la clave para todo lo que sigue: la lealtad, la evangelización y la promoción de lo que vende a través de aquellos a quienes se lo vendió. Cuando crea enganche, no únicamente supera a su competencia, sino que los deja rascándose la cabeza y comiendo polvo.

Este libro le enseñará cómo crear y apropiarse de una ventaja injusta, cómo volverse *original y único*.

SECCIÓN
UNO

LA BASE ORIGINAL Y ÚNICA

CAPÍTULO 1

El sistema original y único
(lo que aprenderá en este libro)

El musical *Hamilton*, ganador de un premio Pulitzer, es un fenómeno de Broadway, una verdadera fuerza de la naturaleza a la hora de lograr un enganche original y único de sus fans. Estuvo nominado a dieciséis premios Tony, todo un récord, y se ganó once, además del Grammy del 2016 al Mejor Álbum de Teatro Musical. Cuando escribo esto, este musical de Broadway tiene las entradas agotadas para los próximos veintitrés meses, pero solo para los próximos veintitrés ¡porque las entradas para los *shows* de más adelante no se han puesto a la venta aún! Su vida en Nueva York y alrededor del mundo está casi garantizada por muchos años más.

Es cierto que muchas otras obras y musicales han creado fans muy leales. *El fantasma de la Ópera, Chicago* y *El rey león* son los tres espectáculos de Broadway que más tiempo han estado sobre las tablas. Yo fui un gran fan del cuarto *show* más longevo, *Cats*, y lo vi por primera vez poco después de que debutó en Nueva York y tres veces más, incluyendo la adaptación en Londres con Kay, mi espectacular esposa. ¡Amé ese espectáculo! Estuvo completamente vendido durante mucho tiempo.

Ha habido otros espectáculos que han logrado obtener el estatus de tener las entradas más deseadas de la ciudad, pero no muchos. Conseguir entradas para ver *The Book of Mormon* se convirtió en una tarea imposible por bastante tiempo después de su debut en el 2011. Desde 1918, cuando la comedia *Lightnin'* rompió por primera vez el récord de presentarse mil veces, únicamente 114 producciones más han alcanzado ese número[4]. *Hamilton* es el musical más codiciado de hoy en día, pero también es mucho más.

En la edición de junio del 2016 de la revista *Fast Company*, Rachel Syme lo dijo mejor cuando escribió lo siguiente:

«*Hamilton*, que debutó en el Richard Rogers Theatre en agosto del 2015, después de presentarse en teatros por fuera de Broadway, no es solo un musical exitoso. Es uno de esos fenómenos culturales poco comunes que van más allá del género y se infiltran en conversaciones mucho más amplias. Los estudiantes de cuarto de primaria aman el espectáculo tanto como la gente de ochenta años. Tanto los fanáticos del hip hop como los amantes de la historia adoran la reinterpretación inspiracional e intricadamente rimada de las complicadas relaciones de los padres fundadores con Aaron Burr, George Washington, Thomas Jefferson y más»[5].

Lin-Manuel Miranda, creador, compositor, letrista y estrella original de *Hamilton*, ha desarrollado una base de fans y una *relación* con esos cientos de miles de fans que no han visto y quizás nunca vean el *show*. Más allá del álbum lógico y la participación

---

4 *List of the longest-running Broadway shows*, Wikipedia, recuperado el 2 de noviembre del 2016, https://en.wikipedia.org/wiki/List_of_the_longest-running_Broadway_shows.
5 Rachel Syme, *How 'Hamilton' Creator Lin-Manuel Miranda Is Building A Brand For The Ages*, Fast Company, mayo 16 del 2016, https://www.fastcompany.com/3058967/most-creative-people/how-hamilton-creator-lin-manuel-miranda-is-building-a-brand-for-the-ages.

obligatoria en redes sociales, Miranda ha enganchado a los fans a través de otros medios no tradicionales. Desde el principio, en los preestrenos, Miranda estableció una lotería diaria de dos docenas de asientos de primera fila por 10 dólares, la cual sigue en pie hoy. Los fans hacen fila desde muy temprano cada día con la esperanza de quedarse con uno de esos codiciados tiquetes dorados. Esta práctica ha sido denominada «Ham4Ham». A medida que *Hamilton* se fue haciendo más popular, las multitudes se hicieron enormes. Sabiendo que la mayoría de los fans no conseguirían una entrada, Miranda y otros miembros del elenco lanzaron una serie de espectáculos cortos espontáneos y videos como agradecimiento y para mantener a la multitud calmada en días álgidos. Esos espectáculos cobraron vida propia. Se transmiten por YouTube e incluyen a estrellas invitadas de otros *shows* de Broadway.

En el 2015, el Instituto Gilder Lehram de Historia Estadounidense le propuso a Miranda que creara un nuevo currículo. Apoyados por un presupuesto de 1.46 millones de dólares de la Fundación Rockefeller, veinte mil estudiantes de undécimo grado de escuelas de pocos recursos de Nueva York pagarían solo un «Hamilton» (10 dólares) para ver el *show* y luego integrar el tema de Alexander Hamilton en sus estudios en clase.

Diseccionar una hazaña como *Hamilton* nos ayuda a entender cómo alcanzó su estatus actual de obra original y única.

LA MENTALIDAD ORIGINAL Y ÚNICA

Poco antes de que el blog *Grantland* de cultura pop de los deportes se cerrara, Rempert Browne entrevistó a Miranda sobre su pasado y cómo había desarrollado *Hamilton*. En un punto, Browne pregunta: «a la hora de la verdad, si tuviera que escoger una sola cosa, ¿sería hacer musicales? ¿Contar historias? ¿Llenar los vacíos de la historia de Estados Unidos y de Nueva York?».

Miranda responde: «es interesante. Yo lo pienso así: ¿qué no está en el mundo que debería estar en el mundo?»[6].

Esa es la mentalidad original y única: ver algo que todos los demás ven, pero ver en ello algo diferente.

Con frecuencia, en mis propias entrevistas, me piden que resuma todo esto en pocas palabras. Mi respuesta es: «vea qué es lo que todo el mundo está haciendo y no lo haga».

Es un consejo simple, pero no es fácil de seguir. Todos tenemos nuestra heurística, influencias externas, percepciones y opiniones sobre las cosas. Las tenemos integradas en nuestro ser. Pero si de verdad queremos separarnos de la multitud, esto es justo lo que tenemos que hacer.

Y ser original y único es como una diana que se mueve todo el tiempo. ¿*Hamilton* se considerará original y único en diez años? Tal vez no, pero eso seguro sucederá porque Miranda reescribió las reglas de la competencia para la siguiente generación.

Tiger Woods hizo lo mismo. Cuando entró al mundo del golf profesional en 1996, esperaban que lo hiciera bien, pero nadie esperara que fuera, literalmente, invencible. Woods llevó al golf a un nivel que nadie había visto jamás. Era el mejor en casi cada aspecto del juego. Muchos historiadores del golf creen que la dureza mental de Tiger estaba muy por encima de la de campeones previos, pero la verdadera nueva dinámica que introdujo Woods al juego, en el que los golfistas jamás se habían visto como «atletas reales», fue el acondicionamiento físico. Dejando de lado a unos pocos defensores del acondicionamiento, siendo uno de los más notables Gary Player, los golfistas no eran reconocidos por correr dieciséis kilómetros y levantar pesas.

---

6 Rembert Browne, *Genius: A Conversation With 'Hamilton' Maestro Lin-Manuel Miranda*, Grantland, septiembre 29 del 2015, http://grantland.com/hollywood-prospectus/genius-a-conversation-with-hamilton-maestro-lin-manuel-miranda/.

La proeza física de Tiger era increíble de ver y era intimidante enfrentarse a aquello. Golpeaba la pelota más lejos y más recto que cualquier otra persona del campeonato. Durante años, cuando Tiger daba su primer golpe en un torneo, todos los demás jugaban para quedar en segundo lugar. Veinte años después, la nueva generación de golfistas ha crecido siguiendo las nuevas reglas de Tiger. Son atletas en todo el sentido de la palabra. Y hoy en día golpean la pelota mucho más lejos y más recto de lo que jamás pudo hacerlo Tiger.

Llegar a un estatus original y único requiere de una práctica de observación y curiosidad conscientemente desarrolladas y de poseer una perspectiva que lleve la contraria. En lugar de seguir a los líderes de su mercado, aléjese de ellos y cree nuevas reglas de competencia que ellos pueden seguir o no... tal como *Hamilton*.

Y no caiga en la trampa de pensar que puede preguntarles a sus clientes qué quieren que sea diferente. Le garantizo que Lin-Manuel Miranda no hizo eso. Sus clientes no saben lo que quieren. Saben que quieren algo mejor, pero no diferente.

Nadie pidió un reproductor de cartuchos de ocho pistas.

Nadie pidió un celular, mucho menos un teléfono inteligente.

Nadie pidió el internet.

Nadie pidió las redes sociales.

Nadie pidió Amazon.com.

Mi cita favorita de todos los tiempos sobre esto es de Henry Ford: «si le hubiera preguntado a la gente qué querían, me habrían dicho que caballos más rápidos».

ENTENDER EL VERDADERO PROCESO DEL MERCADEO

¿Se da cuenta de que quizás está abordando el mercadeo al revés? «Cierto, cierto», como diría mi amiga Kelly.

Demasiados negocios pequeños ven el mercadeo como algo *más* que necesitan hacer después de haber cumplido con lo importante. Y muchos también ven el mercadeo como un mal necesario, pero no realmente el negocio en el que están. Como resultado, lo que pasa con frecuencia es que se suben a una montaña rusa de ganancias. Se desarrolla un poco de la siguiente manera:

1. Cuando su compañía empezó, usted y su equipo (si tiene un equipo) tocaron puertas, hicieron llamadas en frío y quizás incluso recurrieron a un directorio de nombres de compañías y empezaron a llamar para intentar hacer ventas (en mi primer trabajo de vendedor, nuestro gerente de ventas me tiró las *Páginas amarillas* y me dijo «¡allí tiene su lista!»).

2. Después de muchas de esas llamadas, hace algunas ventas. ¡Todo el mundo está feliz! Pero luego tiene que cumplir con los pedidos, así que usted y su equipo centran sus esfuerzos en la producción y la entrega.

3. Mientras se enfocan en cumplir con eso, no se están dando ventas externas ni se están haciendo esfuerzos de mercadeo. Como no los hay, las ventas se detienen eventualmente. Y como no hay pedidos que despachar, usted y su equipo, una vez más, tienen que tocar puertas, hacer llamadas en frío y quizás recurrir al directorio de nuevo.

4. Este escenario se repite una y otra vez. Cuando está despachando los pedidos, está ignorando las ventas. Cuando no tiene pedidos que despachar, impulsa las ventas. Es un

festín o una hambruna. Está subido en una montaña rusa de negocios y de verdad le gustaría bajarse, pero no sabe cómo.

5. Un día, un vendedor lo llama en frío y le hace una propuesta: «puedo exponer su marca a veinticinco mil nombres cada semana, ¡y cada nombre le costará dos centavos y medio! Si asegura aunque sea *una* venta, ¡eso cubrirá todo el costo!». Lo atraen esos números y piensa: *vaya, yo puedo trabajar en mi negocio ¡y ellos se encargarán del mercadeo por mí!* Ja, claro.

6. No funciona. Por supuesto que no funciona. Entonces se vuelve a subir a la montaña rusa, aunque ya ha perdido 625 dólares. ¿Aprendió la lección? Por desgracia, la mayoría no lo hacen. De hecho, muchas personas piensan: *bueno, ¡esa herramienta de mercadeo no funciona!* Se sube de nuevo a la montaña rusa y el tiempo pasa hasta que aparece otro vendedor y el escenario se repite una y otra vez.

¿Por qué les sucede eso a tantos negocios pequeños? Existen dos razones muy simples: primero, *no está en el negocio en el que piensa que está*. ¿Manufactura dispositivos? No me importa si son dispositivos baratos y pequeños o dispositivos grandes, enormes y caros. No está en el negocio de manufacturar dispositivos. Está en el negocio de *vender* y *promocionar* dispositivos. El dispositivo es incidental. Es solo el "entregable" de lo que está vendiendo. ¿Manufactura palos de golf? Genial, pero si no los vende, va a terminar con una pila enorme de acero. ¿Construye condominios de edificios altos? ¡Perfecto! Pero si nadie ocupa esos apartamentos con vistas espectaculares, entonces se los está vendiendo a Trump… a un precio muy bajo.

Esta es una de las lecciones más difíciles de comprender para los dueños de pequeños negocios. ¡Usted *ama* lo que hace! Quizás creció amando ir de pesca. Se pasó años en el río o en un bote y está en su punto más feliz cuando pesca.

Un día se le ocurrirá el concepto para una carnada a la que las lubinas de boca grande no se podrán resistir. Otros pescadores notarán que cumple con su cuota todos los días y le pedirán que les cuente el secreto. Les hablará sobre su carnada y, por supuesto, ellos querrán que les haga algunas. Empieza a preparar a mano sus carnadas especiales. Un montón de gente se las compra y alguien le sugiere que empiece un negocio. ¡Ese es el impulso que necesitaba! ¡Puede ganarse la vida con el deporte que ama! Empieza un negocio y lo siguiente de lo que se da cuenta es de que tiene una línea de producción, inventario, renta y quizás uno o dos empleados.

Resumamos esto porque ya sabemos qué pasa. Piensa que está en el negocio de preparar carnadas. La gente se verá naturalmente atraída y se las comprará. ¡Fácil!

Pero eso no es lo que sucede en realidad, ¿o sí? No es tan fácil, ¿no? Y la razón es que usted jamás pensó que de verdad tendría que salir y *vender* esas carnadas. Le guste o no, ahora está en el negocio de *vender* y *promocionar* carnadas para lubinas de boca grande.

La segunda razón por la que existe la montaña rusa del mercadeo es porque los dueños de pequeños negocios creen que pueden contratar a alguien externo para que se encargue de las ventas y el mercadeo. A veces contratan a una agencia. A veces contratan a una persona independiente. A veces contratan a un representante de ventas. A veces contratan a una persona a tiempo completo.

De alguna manera, tiene sentido buscar ayuda cuando ya ha entendido lo que necesita. Pero este curso de acción se salta un primer paso crítico: *usted (el dueño del negocio) es, más que nadie, el vendedor principal de su compañía, y si no puede vender su producto, nadie más podrá hacerlo.*

La historia está llena de relatos extraordinarios de éxito corporativo, la mayoría de los cuales son sobre fundadores y directores ejecutivos que aceptaron el rol de ser el vendedor número uno de sus compañías.

A los treinta y seis años y durmiendo a menudo en la parte de atrás de su carro, el coronel Harlan Sanders visitaba restaurantes, se ofrecía a preparar su pollo y, si a los trabajadores les gustaba, negociaba los derechos de franquicia de su Kentucky Fried Chicken allí mismo.

Ely Callaway Jr. compró la empresa Hickory Sticks, que fabricaba equipamiento de golf, por 400.000 dólares. En 1983, se convirtió en presidente de la compañía y la movió a Carlsbad, California, en donde vendía palos de golf en su Cadillac y donde renombró la empresa para que se llamara Callaway, Inc.

Las primeras ventas de Phil Knight, el cofundador de Nike, se dieron en su legendario carro Plymouth Valiant verde, afuera de competencias de atletismo, por toda la costa noroeste de Estados Unidos.

Algunos grandes directores ejecutivos a lo largo de la historia, como Mary Kay Ash, John Patterson de NCR, Larry Ellison de Oracle y Napolean Barragan de 1-800-Mattress, entendieron la importancia de las ventas y el mercadeo como la función principal de sus negocios[7]. Ese también debe ser su trabajo.

LAS BASES DE LO ORIGINAL Y ÚNICO

Una vez que los dueños de negocios entienden cuál es su rol número uno y la verdadera función de su compañía, tienen que comprender cuáles son los pasos correctos para lograr el mayor éxito, y esos pasos deben darse en el orden adecuado. Los medios de comunicación que

7 *Ten Greatest Salespeople of All Time*, Inc., marzo 28 del 2011, http://www.inc.com/ ss/10-greatest-salespeople-of-all-time.

use (correos directos, su página web, publicidad pagada, Val-Pak, redes sociales o cualquiera de la miríada de herramientas disponibles) *no* son el punto de inicio de su estrategia de mercadeo.

EL DIAMANTE DEL MERCADEO™

Tiene que empezar por su *mercado*. ¿Quiénes son los clientes potenciales de su mercado objetivo? ¿Qué puede decirme sobre ellos? Hay dos elementos importantes a la hora de conocer a su mercado: los demográficos y los psicográficos.

Normalmente, los demográficos son fáciles. ¿En qué industria están esos consumidores? ¿En dónde están ubicados? ¿Qué tan grandes son sus compañías? ¿Cuántas ventas tienen? ¿Cuántos empleados tienen? La mayoría de nosotros conocemos las respuestas a preguntas como esas, lo cual es genial porque nos permiten armar un *perfil* de nuestro objetivo, nos dejan identificar a los clientes potenciales.

La segunda parte, el *mensaje*, no siempre es tan fácil porque tenemos que meternos a las mentes de nuestros clientes potenciales de alguna forma.

¿Qué problemas, retos, obstáculos o dificultades tiene nuestro cliente potencial todos los días?

¿Qué lo mantiene despierto por la noche?

¿Qué aspiraciones y oportunidades tiene?

¿Qué ha intentado arreglar o lograr su cliente potencial y no lo ha podido hacer?

Después de que se haya creado una imagen clara de sus clientes potenciales en el mercado, ¿qué mensaje puede crear para llamarles la atención? Cuanto más pueda demostrarles cómo trabajar con usted arreglará o los ayudará a lograr lo que querían, mejores oportunidades tendrá. La mejor manera de hacerlo es involucrarse en la conversación que ya está sucediendo en las mentes de los clientes potenciales. Un ejemplo simple es la industria de la pérdida de peso. No se trata tanto de que la gente quiera perder peso, sino, más bien, de lo que perder peso les permitirá hacer: llamar la atención en la playa, ser la mujer más delgada de la reunión de exalumnos, volver a tener el cuerpo que tenían antes de un embarazo…

Cuanto mejor haga su trabajo adaptando el mensaje a su mercado, más éxito tendrá.

La tercera parte son los *medios* que usa para enviar su *mensaje* a su *mercado*. Existen, literalmente, cientos, o quizás miles, de diferentes tipos de medios que puede usar, pero no hay un medio perfecto que le sirva a todo el mundo. Sí, las redes sociales funcionan para algunos negocios… pero no para todos los negocios. La televisión aún funciona para algunos, da igual lo que haya escuchado. Vaya, ¡incluso las vallas publicitarias funcionan para algunas empresas!

La clave para encontrar el medio correcto es simple: ¿su mercado objetivo ya le presta atención a ese medio? Eso es. No hace falta nada más. No me importa si hay más personas registradas en Pinterest que habitantes en Japón. Si mi *mercado* no está en Pinterest, no me sirve de nada.

Por otra parte, si fabrico fresadoras horizontales de cinco ejes y descubro que mi mercado lee *Today's Cat*, puede apostar a que pautaré en *Today's Cat*.

El gran interrogante, por supuesto, es el *momento*. ¿Cuándo un cliente potencial tomará la decisión de comprar? En ocasiones, quizás podamos influenciar y agilizar el proceso de toma de decisiones, pero la mayoría del tiempo no podemos hacerlo.

Aquí está la gran pregunta: cuando un rayo cae del cielo, les ilumina la mente a nuestros clientes potenciales y se dan cuenta de que necesitan una solución *en ese instante*, ¿piensan primero en nosotros? ¿Piensan en nosotros en segundo lugar? ¿Siquiera piensan en nosotros? Nuestro objetivo es, de hecho, ser la *única* solución en la que piensen.

Si seguimos correctamente el plan de *mercado-mensaje-medio-momento* y añadimos las estrategias originales y únicas que le presentaré en los próximos capítulos, podremos influenciar la decisión cuando el *momento* sea el adecuado.

SU ESTRATEGIA DE MARCA

¿Alguna vez ha escuchado hablar sobre el tipo de Anchorage que llevó un juego de llantas a Nordstrom y pidió que le devolvieran su dinero? El vendedor contactó al gerente y, tras unos momentos de discusión, determinaron que el tipo era un muy buen cliente. Entonces, ¡le devolvieron el dinero a pesar de que Nordstrom ni siquiera vende llantas! Está claro que esta es una historia impresionante que refuerza la política de Nordstrom de prestar un gran servicio al cliente y de hacer reintegros sin preguntas.

Solo hay un problema: no hay ninguna prueba de que eso haya sido verdad.

Es parte del mito de Nordstrom. He escuchado muchas versiones diferentes de la historia, usualmente por parte de un conferencista profesional que la usa como un ejemplo de un servicio al cliente increíble y para resaltar qué tan lejos llegan las compañías excelentes como Nordstrom para cuidar bien de sus clientes: «si Nordstrom puede recibir unas llantas, ¿acaso *usted* no debería subir de nivel también?».

Hace unos veinte años, en una reunión, tuve la oportunidad de preguntarle a Jim Nordstrom acerca de la historia de las llantas.

Sonrió y dijo: «no lo sé. No estaba allí». Una respuesta evasiva excelente.

Pero la historia persiste. La escuché hace poco durante una sesión liderada por varios miembros del Salón de la Fama de Conferencistas Internacionales.

Así son los mitos. Muchos están basados en algo de verdad, pero se expanden a medida que la historia pasa de una persona a la siguiente. El hecho de que, al final, un mito pueda sonar demasiado fantástico, pero que siga siendo aceptado en general, sucede cuando otras historias sobre el «héroe» quizás son verdaderas y algo consistentes. La historia de las llantas habla sobre un ideal de servicio al cliente superior e incluso casi increíble. Y hay muchas historias en las que Nordstrom sale con la cabeza muy en alto. Mi propia familia ha tenido varias experiencias así.

Por ejemplo, Kay estaba comprando la ropa para el colegio de Kelly hace varios años. Encontró un atuendo que le gustaba en Nordstrom. Por desgracia, el que le quedaba a Kelly no tenía una correa que se suponía que debía estar incluida. La vendedora le aseguró a Kay que encontraría la correa de la talla correcta y la contactaría. Al día siguiente, Kay recibió una llamada de la vendedora: «¡hola, Kay! Es mi día libre, pero me quedé pensando en esa correa. Pasé por un Macy's que me queda cerca y tienen justo el mismo atuendo. Le están guardando la correa y puede recogerla en cualquier momento».

Esa es una historia impresionante sobre servicio al cliente.

Las historias como esas nos ayudan a creer que el relato de las llantas puede ser verdadero: «si *esto* puede pasar, ¡supongo que *eso* puede pasar también!».

Lo otro sobre los mitos es lo mucho que a las personas les gusta compartirlos con sus amigos y colegas. Puedo decir, sin equivocarme, que cuando comparto la historia de la correa de Kay, ya sea en una conferencia o en una conversación, los demás, sin poder evitarlo, también quieren compartir sus propias historias del increíble servicio al cliente de Nordstrom. Y así es como se expande el mito.

Las compañías inteligentes entienden el poder de los mitos. Quizás usen otra palabra para referirse a ello, como *marca*, pero cuando se maneja de la manera correcta, las dos cosas son lo mismo. La esencia de su marca es la promesa grande y específica que les hace a sus clientes. ¿Qué promesa puede hacer que resuene con su audiencia objetivo? Nordstrom no declara de frente que ofrezca un servicio al cliente de clase mundial en sus publicidades, pero todos hemos llegado a esperar eso de ellos. ¿Por qué? Porque la compañía nos lo ha demostrado *implícitamente* con historias magníficas, como la de mi esposa, e historias *míticas*, como la de la devolución de las llantas. Estas compañías inteligentes no solo desarrollan mitos/ marcas fuertes, sino que hacen su parte para esparcir esas historias. Sí, incluso Nordstrom lo hace.

Eso es lo clave sobre su mito/marca. Debe gestionarlos. Debe llevarlos con usted en todo momento. No puede permitir, ni por un segundo, que alguien más tome el control de su historia.

También debe buscar las herramientas disponibles para anclar el mito de su marca en las mentes de su mercado objetivo y activar ese recuerdo en el futuro.

Las grandes marcas casi siempre están relacionadas a algún mito sin importar si están en el mercado B2C o B2B.

SU ESTRATEGIA DE INNOVACIÓN

El primer autoservicio de McDonald's se creó en 1975, cerca de una base militar de Arizona, para atender a los soldados a los que no se les permitía bajarse de sus carros mientras llevaban sus uniformes de combate. El gerente del McDonald's de Fort Huachuca estaba abrumado por la pérdida de ventas potenciales, así que buscó una solución. Mientras esperaba sentado en su carro, en el autoservicio de su banco, se le ocurrió la respuesta. Si podían entregar dinero a través de una ventana, ¡se podía hacer lo mismo con la comida! Así se creó la primera ventana de autoservicio de comida rápida. Hoy en día, entre el 50% y el 70% de todas las ventas se hacen a través del autoservicio[8].

Ese es un ejemplo de lo que yo llamo un robo de genialidad™.

Como lo comenté antes, demasiadas industrias son culpables de practicar una ortodoxia estratégica. Todo el mundo se parece y todo el mundo actúa casi de la misma manera. Y la razón principal por la que sucede eso es que la gente tiende a mirarse *entre sí* para buscar nuevas ideas. Como resultado, la mayor parte de la competencia no innova, sino que crea conformidad.

Y usted no quiere eso, ¿o sí?

Pero la innovación es *difícil*. ¿Con cuánta frecuencia ha reunido a su equipo para tener una sesión de «lluvia de ideas»? Le pide a todo el mundo que lleve su mejor idea para resolver el obstáculo al que se están enfrentando. Digamos que quiere desarrollar una nueva campaña de mercadeo. Entonces saca el tablero y lo deja abierto a sugerencias.

Silencio.

Hasta que alguien se anima y dice:

—Bueno, vi que ABC Widget, Inc. hizo una promoción en la que regaló patitos bebés en una convención en Detroit. No sé si eso

8 *Fast Food Statistics Concerning Drive Thrus in the Recent Years*, 17 de noviembre del 203, http://www.fastfoodmenuprices.com/fast-food-statistics-concerning-drive-thrus-recent-years/.

les generó ventas, pero ¡regalaron *muchísimos* patitos bebés! Quizás podamos hacer algo así.

Y entonces todo el mundo habla:

—¡Esa es una gran idea! ¡Podemos hacerlo incluso *mejor* que ABC Widget, Inc.! ¡Le daremos a cada persona *dos* patitos!

No, no, no, no, no, no, no.

Cuando era niño, tuve la oportunidad de pasar algo de tiempo con W. Edwards Deming, uno de los consultores de gerencia más famosos de la historia. Wikipedia dice: «muchas personas de Japón citan a Deming como la inspiración para lo que se ha llegado a conocer como el milagro económico japonés de la posguerra, de 1950 a 1960, cuando Japón se alzó de las cenizas de la guerra para emprender el camino de convertirse en la segunda economía más grande del mundo gracias a unos procesos que se basaron en las ideas que Deming enseñaba»[9].

Una de las bases de la estrategia de Deming para lograr una gerencia total y de calidad era hacer una evaluación comparativa. La definición que me enseñaron a mí fue: «observar el comportamiento correcto e implementarlo en su propio contexto». Deming decía que, a menudo, las compañías cometían un gran error con las evaluaciones comparativas. Observar el comportamiento correcto dentro de su industria le da una comparación con respecto a cómo lo está haciendo usted. Si de verdad quiere innovar, debe *salirse* de su zona de confort y exponerse a experiencias desconocidas. Con frecuencia, observar el comportamiento correcto en medio de desconocidos puede estimularle modos completamente diferentes de ver algo común en su mundo.

---

9 *W. Edwards Deming*, Wikipedia, https://en.wikipedia.org/wiki/W._Edwards_Deming.

Es probable que el gerente del McDonald's de Fort Huachuca hubiera manejado por el autoservicio de su banco muchas veces. Pero cuando necesitó una solución nueva, fue lo bastante inteligente como para ampliar sus miras y no solo fijarse en otros restaurantes.

Eso es un robo de genialidad™.

SU ESTRATEGIA DE EXPERIENCIA

Hoy en día, la comodificación de los negocios se centra en tres componentes tradicionales de competencia:

- Producto.

- Precio.

- Servicio al cliente.

La tecnología ha borrado por completo la habilidad de las compañías de crear un producto que las diferencie de su competencia. Reducir los precios jamás ha sido una estrategia de éxito a largo plazo. Muchos la han intentado y muchos han dominado el mercado por períodos cortos de tiempo, pero nadie ha podido hacer que eso sea sostenible. Incluso el alardeado Walmart (casa de «precios bajos todos los días») ha sido usurpado por Amazon. Con el tiempo, alguien le ganará a Amazon también. Jeff Bezos ya lo ha predicho[10]. Eso hace que las compañías de hoy en día tengan que defenderse con el servicio al cliente. Como es el último de los tres grandes componentes para sobrevivir, es aquel en el que se centran la mayoría de los negocios.

Por desgracia, no ha sido tan fácil. Después de todo, ¿qué hace que un servicio al cliente pase de ser bueno a genial? Además, tenemos el gran talón de Aquiles a la hora de prestar un servicio al cliente excelente: *la gente*. Los negocios tienen que depender de la gente para

---

10 Charlie Rose, *Amazon's Jeff Bezos Looks to the Future*, CBS News, 1 de diciembre del 2013, http://www.cbsnews/amazons-jeff-bezos-looks-to-the-future/.

prestar un servicio al cliente de clase mundial y, aparentemente, eso no es tan fácil. En nuestro centro comercial local, hay un Nordstrom y un Macy's a tan solo unos metros el uno del otro. Desde el punto de vista del servicio al cliente, bien pueden estar en planetas diferentes. Si camina por Macy's después de pasar por Nordstrom, de verdad se puede *sentir* la caída del nivel de servicio al cliente. Es como si la temperatura descendiera veinte grados.

Es cierto que debe trabajar duro para educar a su equipo para que preste el mejor servicio al cliente posible, pero ahora existe un cuarto componente que se debe añadir a la lista de producto/precio/servicio: la experiencia de su cliente.

Por supuesto que la experiencia de su cliente se ve muy impactada por el servicio al cliente que presta. Pero puede ir más allá. Puede desarrollar una experiencia para los clientes que, literalmente, cree un enganche original y único para ellos.

Fíjese en *Hamilton*. Y en Disney. Y en American Girl. Y en Harley-Davidson. Todas esas marcas han creado experiencias increíbles para sus clientes:

- Una experiencia que se les queda muy marcada y quieren repetir.

- Una experiencia que se les queda muy marcada y quieren recordar.

- Una experiencia que se les queda muy marcada y quieren compartir.

A medida que lea el resto de este libro, busque ideas y perspectivas nuevas que le vuelen la cabeza así sea un poco. Puede ser algo sobre su estrategia de marca. Puede ser algo sobre su estrategia de innovación. Puede ser algo sobre su estrategia de experiencias. Vaya, ¡puede ser algo para las tres!

Sin embargo, lo importante es que debe buscar maneras de hacer que su cliente se *enganche* a su marca, tanto personal como profesionalmente. Así es como se diferencia de la competencia.

CAPÍTULO 2

El diamante del mercadeo™

Le apuesto a que, en realidad, está usando el mercadeo al revés. Sí, al revés. La buena noticia es que también le apuesto a que toda su competencia también lo está haciendo al revés.

Permítame explicárselo.

Imaginémonos que las ventas no son lo que le gustaría que fueran. El gráfico se está moviendo en la dirección equivocada (hacia abajo) y quiere hacer algo al respecto. Se pregunta qué puede hacer. Y la respuesta se le ocurre: ¡un envío de correo físico masivo!

Entonces compra una lista de cinco mil personas que encajan para ser su público objetivo. Empieza a pensar en qué puede mandarle a esa gente.

—¡Enviemos nuestro catálogo! —dice uno de sus colegas.

—Eso sería demasiado caro —responde usted—. Espere, ¡ya sé! Imprimamos un panfleto a doble cara y enviemos eso. Espere, ¡tengo algo mejor! Podemos hacer que el mismo panfleto sea el sobre. Imprimimos a dos caras, pero ¡lo doblamos en tres partes para poder ponerle una estampilla y enviarlo! ¡Espere, espere! ¡Podemos enviarlo como *correo masivo!* ¡Eso nos ahorrará *incluso más* dinero!

Entonces, usted y su equipo crean el panfleto, lo imprimen con los índices de correo masivo en la esquina y pegan las estampillas. Alguien los lleva a la oficina postal ¡y todos ustedes se felicitan por un trabajo bien hecho! Las ventas deberían remontar pronto.

Y ahí es cuando se olvida del mercadeo. Vuelve a la oficina y sigue trabajando.

Luego llega el correo.

Recoge la pila de cartas y se para junto al bote de basura. Empieza a revisar rápido el correo, separándolo en dos grupos. Después de tirar otra carta al grupo que no quiere, nota el panfleto. Tiene una estampilla y una etiqueta con su nombre al frente. En la esquina ve la señal impresa de que es un correo masivo.

¿Qué hace con ese papel? ¡Lo tira directo a la basura! ¡Es correo no deseado!

Ya no está pensando en el mercadeo y no está en los zapatos de esa persona que decidió qué *enviar*. Ahora está recibiendo el correo de publicidad y tiene una perspectiva completamente diferente del asunto.

Otro escenario: una vendedora de pauta lo convence de reunirse con ella. Está vendiendo paquetes de cupones en postales. «Esto les llega a cuarenta y tres mil personas. ¡Puede tener una postal con su mensaje específico por menos de seis centavos por persona!».

Wow, ¿cuarenta y tres mil personas por menos de seis centavos por cada una? *Ese es un gran negocio*, piensa. *Vaya, si obtengo aunque sea un 0.01% de respuestas, ¡esos son CUATRO nuevos clientes! ¡Lo vale!*

Los escenarios así son infinitos. Y cada uno de ellos es un ejemplo del mercadeo hecho al revés.

Escoger el medio *primero* (un envío de correo masivo, Val-Pak, una pauta, redes sociales o cualquier otra herramienta) es hacerlo al revés. Los medios no impulsan nuestro mercadeo. El primer paso para desarrollar cualquier estrategia de mercadeo empieza con el mercado. ¿Quiénes son los clientes potenciales en su mercado objetivo ideal?

En 1986, me invitaron a *Hour of Power* de Robert Schuller. El doctor Schuller era un televangelista de la Crystal Cathedral de Garden Grove en California. La suya era una megaiglesia con capacidad para cuatro mil personas. En ese momento, el programa de televisión *Hour of Power* se transmitía a unos trece millones de espectadores alrededor del mundo. No importa por qué me invitaron, pero ese día fue clave para mi carrera. Cada domingo se celebraban dos servicios y el doctor Schuller me invitó después del segundo a su oficina a tomar café.

—¡Lo hizo muy bien allá afuera! —dijo—. ¡Debería pensar en volverse conferencista profesional!

—¿Eh? ¿Conferencista profesional? ¿Que me paguen por hablar? No tenía idea de que se podía ganar dinero así.

Él se rio.

—Ah, sí, ¡pueden pagarle muy bien por hablar ante corporaciones o en conferencias!

—Pero ¿cómo encuentro a la gente que me va a contratar?

Y allí estaba yo, un especialista de mercadeo, pidiendo consejos de mercadeo. Debí haberlo sabido, pero su respuesta fue impresionante.

—Bueno, ¿cómo se cazan los alces?

—¿Eh? —dije de nuevo. En definitiva, me había cogido desprevenido.

El doctor Schuller se rio y continuó.

—Bueno, uno no va a la Florida para cazar alces, ¿o sí? ¡No! Usted se va al norte, quizás incluso hasta Canadá. Busca un bosque en donde vivan alces, en donde vivan *muchos* alces. ¿Y acaso los atrae con las campanitas que hay en las recepciones de los hoteles? ¡No! Usa alguna clase de carnada para alces, algo que los alces amarían tener y que a ningún otro animal le interese. ¿Y entonces captura al alce con una raqueta de tenis? ¡No! Necesita alguna especie de rifle para alces… un rifle que esté hecho especialmente para cazar a un animal del tamaño de un alce.

»Pero lo más importante de todo es esto: ¡entender que está cazando un alce! Eso es lo primero. Hay muchos otros animales en el bosque (osos, gansos salvajes, nutrias, felinos grandes, pájaros y peces en los arroyos), pero no está interesado en ninguno de esos otros animales. Solo está interesado en el alce.

He aplicado esa lección de mercadeo desde entonces. Se ha convertido en la base de mercadeo estratégico de todos mis clientes y en la base para desarrollar un *enganche original y único* en sus clientes.

Con el paso de los años, he refinado la forma en la que veo el consejo que el doctor Schuller me dio y he desarrollado un modelo simple. Lo llamo el diamante del mercadeo.

*El diamante del mercadeo empieza en la parte superior
y se mueve al contrario de las manecillas del reloj.*

MERCADO

El primer paso de cualquier estrategia es definir y entender su mercado. Esa es la parte de arriba del diamante. Y, tal como lo explicó el doctor Schuller, es la más crítica.

Véalo así: si su objetivo es establecer un enganche original y único con sus clientes, ¿sus esfuerzos principales deberían enfocarse en decidir qué medios usar o en entender exactamente quién es su público objetivo, así como sus necesidades, retos y aspiraciones?

¿Cuál es su mercado? ¿Cuál es su alce? ¿Qué tanto puede delimitar su mercado? ¿Qué sabe sobre su mercado? ¿Qué hace que sus clientes potenciales no puedan dormir por la noche? ¿Qué problemas, retos, obstáculos, aspiraciones, objetivos y proyectos tienen? Cuanto más defina su mercado (su alce), mejor.

Recuerdo que una vez estaba sentado en una reunión con unos ejecutivos de Nordstrom unos años después de mi encuentro con el doctor Schuller. Jim Nordstrom me llamó para que aportara a la reunión con una voz externa. Cada vez que surgía una idea, alguien de la mesa preguntaba: «bueno, ¿y cómo cree que Bárbara se sentirá con respecto a eso?». Y luego hablaban de Bárbara. Sugerían otra idea y, de nuevo, alguien preguntaba qué pensaría Bárbara.

Yo estaba confundido. Empecé a preguntarme por qué, si Bárbara era tan importante, *ella* no estaba en la reunión.

Todos se rieron y dijeron: «Bárbara no es real. Es nuestra clienta ideal. Tiene cuarenta años, está casada, tiene dos hijos, se gana un salario de 150.000 dólares al año, es bastante social y tiene potencial de progreso. Cada que tomamos una decisión, intentamos meternos en la cabeza de Bárbara y preguntarnos qué pensaría».

¡Estaban cazando alces! Esa fue mi primera experiencia real con algo que ahora es una práctica común y se conoce como desarrollar a su avatar. Si puede crear una imagen mental de su cliente ideal, es mucho más fácil que empiece a pensar como su cliente.

Aquí es importante notar que hay una diferencia entre un cliente potencial y un *lead*.

Cuando identifica los demográficos y las características de su mercado, está definiendo cómo *encajan* con usted. La mayoría de las compañías no tienen ningún problema describiendo a su Bárbara específica, tal como lo hizo Nordstrom. Cuando hace eso, está describiendo a un *cliente potencial*. Un cliente potencial encaja en el perfil de su mercado objetivo. Pero hay un segundo comportamiento, que además es muy crítico, que los clientes potenciales deben demostrar para considerarse *leads*.

Deben demostrar algún nivel de interés.

Por ejemplo, digamos que soy un vendedor de carros nuevos. Si lo mirara a usted, las posibilidades dicen que encajaría bien con el perfil de mi público objetivo, de mi alce. Creo que *necesita* comprar un carro nuevo.

Pero *¿usted* cree que necesita un carro nuevo? Quizás sí. Quizás no. Si lo cree, tal vez esté dispuesto a reunirse conmigo en el concesionario y hacer pruebas de manejo de un par de carros. Pero si *no* cree que necesite un carro nuevo, ¿cuáles son las posibilidades de que yo pueda venderle uno? Prácticamente cero.

Ahí es donde aparece el *nivel de interés*. Si encaja con el perfil que he definido y demuestra algún grado de interés, entonces pasa de ser un cliente potencial a un *lead*. Cuanto mejor encaje en mi perfil y cuanto más alto sea su nivel de interés, más arriba se clasifica y hay más probabilidades de que me compre lo que yo vendo.

Puedo encontrar listas de clientes potenciales a la venta. Puedo encontrar clientes potenciales en grupos y foros en línea. Puedo encontrar clientes potenciales leyendo una revista especializada. Pero solo voy a usar esos medios para descubrir cuáles son los *leads* que hay entre todos esos clientes potenciales. Les enviaré comunicaciones a mis alces, a mis clientes potenciales, para hacer que una parte de ellos levanten las manos y digan «estoy interesado en lo que está diciendo. Por favor, manténgase en contacto». Esos son los alces que quiere atraer.

MENSAJE

El segundo punto del diamante del mercadeo es su mensaje. ¿Su mensaje encaja con el mercado?

Aquí es cuando debe desarrollar su carnada, la carnada que le llama la atención al alce y hace que se acerque a usted. Es igual de importante que sea consciente de que su mensaje, o carnada, *no* atrae a todos los demás animales del bosque. Piense en un silbato para perros como un buen ejemplo de un mensaje perfecto. Cuando hace sonar un silbato para perros, obtiene la atención de los perros. Solo los perros pueden oírlo. Les está enviando el mensaje perfecto.

El mensaje siempre se entrega desde la perspectiva del mercado, no de la suya. Recuerde, el mercado *quiere* escuchar su mensaje.

Robert Collier fue uno de los pioneros del mercadeo y la publicidad y escribió *El libro de las cartas de venta de Robert Collier* (recomiendo mucho este libro si está interesado en escribir mejores textos). Allí dijo:

«Usted sabe que todos los hombres están teniendo constantemente una conversación mental con ellos mismos. En general, se centra en sus negocios, sus seres amados y su progreso. Lo que debe hacer es intentar intervenir en esa conversación con algo que encaje con sus pensamientos».

Otra manera de interpretar el mensaje de Collier es: *siempre intervenga en la conversación que ya está sucediendo en la mente del cliente.*

Cuanto mejores seamos entendiendo lo que piensa nuestro mercado, más fácil será desarrollar una relación con él.

¿Qué es lo que no deja dormir a sus clientes potenciales por la noche? ¿Qué es lo primero en lo que piensan cuando se despiertan? ¿A qué retos, problemas y obstáculos se están enfrentando? Por otra parte, ¿cuáles son sus aspiraciones, sueños y objetivos? Piénselo así: si usted es joven y soltero, quizás no está pensando en seguros de vida. Pero cuando se case y tenga un bebé, quizás empiece a preocuparse por el futuro de su familia si algo le pasara a usted. Ese es el momento perfecto para que un vendedor de seguros le llame la atención.

Cuanto mejor sea el trabajo que haga a la hora de hacer que su mensaje encaje con el mercado, más éxito tendrá.

Ahora imagínese que crea un mensaje que solo usted puede decir, que solo usted puede prometer, que solo usted puede entregar. Ahí es donde entra el concepto de lo original y único.

Los mensajes tienen toda clase de tonos y formas. Un mensaje puede entregarse en su propuesta de marca. Puede entregarse por medio de una pauta. Puede compartirse en redes sociales. Puede estar escrito en papel, comunicarse por un seminario web o presentarse en un evento. Un mensaje puede entregarse de muchos modos distintos.

MEDIOS

El tercer punto del diamante del mercadeo son los medios. Ahora podemos empezar a pensar acerca de la herramienta que usaremos para comunicarnos con nuestro mercado. Buscamos los medios más efectivos y eficientes de comunicarnos con nuestros alces. Queremos *dirigirnos* a nuestros alces.

¿Nuestros clientes potenciales van a convenciones? Entonces debe tener un *stand* en esa convención. ¿Leen ciertas revistas? Entonces tiene que pautar o hacer que le publiquen un artículo allí. ¿Están en redes sociales? Quizás pueda acceder a ellos con las herramientas de publicidad de Facebook. Aún mejor, el mercado puede estar en un grupo.

El punto es buscar en dónde puede alcanzar a sus clientes potenciales efectiva y eficientemente *después* de haberlos identificado y desarrollado su mensaje. Es una necedad escoger primero un medio y luego esperar que el mercado esté allí.

Hay cientos de herramientas que puede usar para alcanzar a los clientes potenciales. Y aquí tiene que recordar algo muy importante: ¡*todas* funcionan para alguien! Cualquier persona que le diga que invierta todo su presupuesto de mercadeo en una sola herramienta (¿le suenan el SEO y las redes sociales?) solo está intentando venderle esa herramienta. Punto. Hace poco animé a un cliente corporativo a que ofreciera formularios de devolución por fax, además de un enlace web, en una de sus campañas de correos directos. El cliente aceptó a regañadientes y luego se quedó sorprendido por cuántas personas usaron el formato del fax. Estudié al alce potencial y me imaginé que aún tendría una máquina de fax en su escritorio... y estuve en lo correcto.

MOMENTO

El cuarto punto de mi diamante del mercadeo está a la derecha: el momento. Creo que el propósito del mercadeo es estar en la mente del cliente potencial correcto cuando dicho cliente potencial está listo para comprar. No sabemos cuándo sucederá ese momento y, demasiado a menudo, nuestros esfuerzos de mercadeo en realidad están enfocados en las personas que están listas para comprar *justo ahora*.

Pero a menos que tenga un objeto de bajo precio y de compra impulsiva, la mayoría de los clientes potenciales no estarán listos para comprárselo en este instante. Cuando nos estemos comunicando con nuestro mercado, siempre debemos ser conscientes de eso. Piense en desarrollar su relación por esta razón: cuando caiga un rayo del cielo y les ilumine la mente a sus clientes potenciales, haciendo que digan «¡necesito este producto ahora mismo!», ¿piensan primero en usted? ¿Piensan en usted en segundo lugar? ¿Siquiera piensan en usted?

El objetivo de un experto en mercadeo original y único es ser la *única* fuente en la que piensen sus clientes potenciales.

Algo más que debe considerar con respecto a este momento es el hecho de preguntarse si puede *hacer que el cliente potencial se sienta incómodo o si incluso puede causarle dolor*. Las personas cambiarán de opinión o de comportamiento cuando se sientan insatisfechas, así que ¿cómo puede *hacer* que se sientan insatisfechas?

Desarrollar el diamante del mercadeo para su compañía toma tiempo. Pero una vez que está implementado, ese plan se convierte, literalmente, en un sistema que funciona por inercia. Puede encender el interruptor en cualquier momento y los clientes potenciales se convierten en *leads* y con el tiempo en clientes.

Si quiere descargar un cuadernillo de actividades que lo ayude a comprender más el diamante del mercadeo, puede obtenerlo gratis si entra a uncopyablethebook.com/diamond.

EN RESUMEN

Paso 1: defina su mercado.

¿Cuáles son sus prospectos de mercado? ¿Qué perfil puede crear que defina a sus clientes potenciales? ¿Están en una ubicación geográfica específica? Quizás se especializa en trabajar con compañías de cierto tamaño en términos de ganancias anuales o número de empleados. ¿Cuáles son los títulos de sus clientes potenciales? ¿Son los dueños o los directores ejecutivos? Quizás son ingenieros de producción o diseñadores web. Cuanto más claro pueda definir a sus alces, más podrá focalizar sus mensajes para ellos.

Paso 2: ¿qué mensaje resuena con su mercado?

Cuanto más grande sea el problema que resuelva para sus clientes o compradores, más valioso se vuelve para ellos. ¿Qué dolor sienten ellos que usted pueda aliviarles? Si puede identificar ese dolor, ganará. Las personas estarán dispuestas a mover cielo y tierra para deshacerse del dolor.

Paso 3: ¿qué medios son más efectivos y eficientes?

¿Por dónde puede comunicarse con muchos de sus clientes potenciales? ¿Se pasan el tiempo en grupos de Facebook o LinkedIn? Quizás existe un foro en línea solo para ellos. *Auto Shop Owner*, por ejemplo, es un foro en línea para varios miles de talleres de reparación y venta de repuestos automotrices.

Paso 4: ¿cuándo estará listo su alce para hacer una compra?

¿Cuándo es ese momento de compra? Algunas industrias tienen tiempos naturalmente largos de precompra y otras no tanto. Sin embargo, planear su estrategia de comunicación con base en el tiempo promedio que un *lead* se tarda en comprar lo ayudará a mantener en mente cuándo estará listo para, en efecto, hacer la compra.

SECCIÓN
DOS

LAS TRES ESTRATEGIAS ORIGINALES Y ÚNICAS

CAPÍTULO 3

Una marca original y única

¿Qué lo hace original y único... tan original y único como para que su alce salga corriendo del bosque únicamente para buscarlo? Ya hemos establecido qué *no* lo hace original y único: no es su precio, su producto o su servicio al cliente estelar.

Es su propuesta de marca: su gran promesa. Su propuesta de marca va mucho más allá que solo mostrar sus servicios y productos de una manera única. En realidad es una promesa muy clara de cómo se diferencia de la competencia, una promesa que resuena poderosamente con sus alces. Pero la *construcción de marca* es un concepto tan nebuloso como las muchas definiciones de *servicio al cliente*, así que empecemos por aclararlo.

Algunas veces, las personas caen en la trampa de pensar que el mercadeo debería enfocarse solo en crear consciencia de marca, pero ¿qué significa eso? No es algo que se pueda medir y no vale mucho a menos que también esté usando la persuasión. La consciencia de marca sin persuasión es como comprar medicinas antes de tener el diagnóstico de un médico. Esa es una mala práctica corporativa.

Cuando piensa en creación de marca, lo primero que se le viene a la mente quizás sea un logo, aquello que las corporaciones incluyen en sus edificios, sus páginas web, sus neveras o lo que sea que regalen al público. Tal vez piense que una creación de marca efectiva se trate, en su mayoría, de ponerle su logo a todo lo que no se mueva. Y eso es todo lo que la mayor parte de las personas hacen.

Pero su propuesta de marca va mucho más allá de hacer que sus servicios y productos tengan una imagen única. La propuesta no solo deja manifiesta una promesa clara, sino que también hace que usted sea memorable para su alce.

Hace algunos años, estaba asesorando a un cliente en Milwaukee. Terminamos una mañana y salimos a jugar golf. Milwaukee tiene tres autopistas que dividen la ciudad. Una va de norte a sur y las otras dos discurren en paralelo de este a oeste. El campo de golf en donde estábamos jugando se encontraba, literalmente, en la intersección de una de las autopistas de este a oeste con la que iba de norte a sur. Mientras jugábamos, escuché un ligero murmullo a lo lejos. Ahora, el clima estaba fabuloso (no se veía ni una nube en el cielo), así que le pregunté al tipo:

—¿Tiene idea de qué suena así?

—Ah, claro. Tal vez son las Harleys entrando a la ciudad —dijo.

Cada cinco años, los dueños de Harley-Davidsons de todas las esquinas de los Estados Unidos empiezan a dirigirse a Milwaukee. Crean una especie de desfile en tanto van hacia el recinto ferial. Ese era el ruido que estaba escuchando: cien mil motocicletas Harley-Davidson avanzando por la autopista. Podíamos verlas (así como mucho cuero negro, bandanas y chalecos) y todo estaba estampado con el logo de Harley.

Le dije a mi cliente:

—Vaya, después de que terminemos, mejor me devuelvo a mi hotel, cierro la puerta con llave y pido comida a la habitación para protegerme de esos tipos.

Estaba diciéndolo medio en broma, pero sí que volví al centro, me metí en mi habitación de hotel, encendí el televisor y vi que la gran noticia del medio local era sobre el festival Harley. El reportero joven estaba entrevistando a uno de los ejecutivos de Harley-Davidson:

—¿Qué está haciendo en cuanto a seguridad para mantener la ciudad a salvo mientras todos esos miles y miles de dueños de Harleys están en la zona?

El ejecutivo se rio y dijo:

—Lo que usted no entiende es que nosotros vendemos la habilidad de que un contador de cuarenta y tres años se vista de cuero negro, maneje por las ciudades pequeñas y la gente le tenga miedo.

No pude escribir aquello lo bastante rápido cuando lo dijo porque fue como si se me prendiera el bombillo. Es decir, cuento con muchísimos amigos que tienen Harleys y le garantizo que son justo como el ejecutivo los describió… ¡Ustedes saben quiénes son!

Esa es la promesa de marca de Harley-Davidson: sin importar cuál sea su trabajo diurno, cuando aparezca montado en su Harley, vestido con su chaqueta de cuero negra con el logo, junto con todos los otros contadores y dentistas en sus Harleys a su alrededor, todos se transformarán mágicamente en malotes y serán parte de una comunidad.

Harley-Davidson *no vende motos.*

Vende una fantasía y una comunidad, una propuesta de marca que es única de Harley y que es difícil que otras marcas copien.

Ahora, imagínese que la propuesta de marca de Harley fuera: «vendemos las motocicletas de mejor calidad, además del mejor servicio al cliente, lo que le da a una persona promedio la posibilidad de embarcarse en un viaje emocionante y disfrutable». En general, ese es el tipo de afirmaciones que las compañías hacen sobre sí mismas. No suena precisamente emocionante, ¿no?

Hay personas que no tienen ninguna clase de interés en subirse a una motocicleta y manejar por el mundo con una cantidad de gente. No les interesa ser parte de una comunidad. No les interesa el sonido ni las chaquetas de cuero negro. Esas personas jamás comprarán una Harley... *y eso a Harley no le importa porque ellas no son los alces que Harley busca.*

¿Por qué es tan importante diferenciarse y crear una propuesta de marca que pueda cumplir?

Porque el posicionamiento de marca *lo diferencia* con claridad de su competencia.

El posicionamiento de marca *establece su credibilidad* dentro de su mercado.

El posicionamiento de marca *resuena* con sus alces.

El posicionamiento de marca *hace una promesa única.*

El posicionamiento de marca *hace que usted sea la opción lógica* para su público objetivo.

El posicionamiento de marca *lo hace memorable.*

Y, cosa importante para sus alces, el posicionamiento de marca *elimina los riesgos.*

Lo mejor de todo es que usted no tiene por qué ser un gran nombre como Harley-Davidson para que se le ocurra una propuesta de marca atractiva.

Mi cliente Stor-Loc fabrica esas cajas y gabinetes de herramientas lujosos que ve en las bahías de servicio de un concesionario. Son para la gente que tiene muchas herramientas y necesita un buen gabinete en el que guardarlas. Cuando empecé a trabajar con esa compañía, su cuasi-propuesta de marca era: «piense en algo más que en la caja». No era nada original y las respuestas que generaba eran bostezos.

Les dije:

—Miren, tenemos que pensar en algún tipo de propuesta de marca que puedan decirle a la gente que quiere comprarles sus productos y que haga que les respondan de inmediato: «ah, sí, eso es *justo* lo que estamos buscando».

Al final, creamos esta promesa: «esta es la mejor caja de herramientas que comprará jamás y le damos una garantía del 100% durante cincuenta y cinco años». La siguiente línea decía: «está hecha en Estados Unidos en todos los sentidos». Ahora, cuando las personas que buscan una caja de herramientas de calidad profesional escuchan eso, saben que no se trata de un pedazo barato de plástico, sino de algo que serán capaces de heredarles a sus hijos.

No hay ninguna duda, ninguna, solo una garantía del 100%. No todo el mundo tiene la valentía de decir eso, pero Mike Ryan, el dueño de Stor-Loc, no desaprovechó la oportunidad. Ahora, añada lo de los cincuenta y cinco años de garantía, lo cual suena raro y dramático, pero se convierte en una línea memorable y original y única.

Ese es el tipo de propuesta de marca que lo ayuda a crear un monopolio en la mente del cliente o del cliente potencial, pues le plantea una promesa enorme que sería difícil que la competencia se robara. Es decir, ¿qué pueden hacer? ¿Ofrecer cincuenta y seis años? Es peliagudo, pues sus clientes recuerdan la promesa de cincuenta y cinco años. Resuena con ellos.

NO SOLO PIENSE EN ALGO MÁS QUE EN LA CAJA, ¡CONSTRUYA SU PROPIA CAJA!

Piense en su cerebro como si tuviera una bodega casi infinita para guardar recuerdos, percepciones, opiniones y puntos de vista. Y hay un hombrecillo encargado de esa bodega.

Si digo la palabra «motocicleta», ese hombrecillo sale corriendo para encontrar la caja que está etiquetada como «motocicleta» (la caja contiene todo lo que usted ha aprendido, pensado, leído, hablado y relacionado con la palabra «motocicleta» dentro) y la trae hasta el frente. Para algunas personas, la palabra en su caja es *peligrosa*: las motocicletas matan gente, los individuos que las montan son criminales… cosas así. En la caja de alguien más, *motocicleta* significa libertad, viajar por carretera, sentir el viento en el pelo y tragarse unos cuantos bichos.

Para muchos de nosotros, incluso nombres como Kawasaki, Yamaha, Honda o Suzuki estarían en la misma caja. ¿Por qué? Porque los mensajes y experiencias que hemos recibido de esos fabricantes, a lo largo de los años, han sido casi los mismos. Y si esos fabricantes están en la misma caja, ¿cómo pueden llamarnos la atención? Gritando más alto que la competencia. A eso lo llamo yo los gritos del recreo.

La idea de crear una propuesta de marca efectiva *no* es que usted esté intentando pensar con más creatividad, o en algo más que en la caja, sino que está intentando crear su *propia* caja, una que sea completamente diferente de las demás.

Harley-Davidson ha hecho un gran trabajo a la hora de construir su propia caja, llenándola con sus propias cosas y defendiendo sus características únicas en el mercado. Recuerde que Harley-Davidson vende fantasías y comunidad. Sus motocicletas están hechas para las calles, no para los circuitos de carreras. Llenan su caja con mensajes y *souvenirs* que refuerzan su propuesta de marca. Dejando de lado todas las chaquetas de cuero negras, ¿cuántas compañías conoce que logren tal fidelidad que sus clientes se tatúen su logo en el cuerpo? Aún no he visto un tatuaje de una Vespa en la espalda baja de alguien.

Eso es lo que *usted* quiere hacer: construir su propia caja y llenarla con cosas que resuenen con sus alces, cosas que lo alejen de esa caja enorme y genérica en la que está toda su competencia.

Para hacer eso, tiene que descubrir qué lo hace único y explotarlo.

¿QUÉ LO HACE TAN ESPECIAL? SI NO LO SABE, TAMPOCO LO SABRÁN LOS DEMÁS

A veces, las compañías tienen dificultades pensando en cuál será su propuesta de marca única. Stor-Loc, por ejemplo, no tenía una personalidad única. Pero la garantía de cincuenta y cinco años y lo de

100% hecha en los Estados Unidos demostraron cómo era la compañía: confiable, tan sólida como una roca. No, no es una idea totalmente nueva, pero la compañía presentó la idea con fuerza y añadió un toque curioso con lo de la garantía de cincuenta y cinco años.

Hay compañías cuyo fundador, si no la compañía misma, tiene una personalidad única. No hay duda de que, en comparación con la mayoría de los consultores, yo tengo una personalidad única y varios aspectos curiosos. Tengo cierta ventaja. Un cliente me mencionó durante una cena que yo debería «venir con una advertencia». ¡Eso me encantó!

Si su promesa no es tan única, quizás su personalidad lo sea. Cuando está intentando salirse del mismo molde en el que está todo el mundo, tratando de determinar su marca o su propuesta de marca, quizás se le ocurra una promesa y use su personalidad para hacer que resalte.

Las compañías inteligentes se aprovechan de aquello que las diferencia.

¿Cree que a Frank Perdue le molestaba que la gente bromeara con lo mucho que se parecía a uno de los pollos que vendía? Para nada. De hecho, lo aceptaba e incluso lo usaba en sus comerciales de televisión. Era todo un genio a la hora de manejar una marca. Él tenía muchos dichos, pero uno de mis favoritos es: «si puede diferenciar a un pollo muerto, puede diferenciar cualquier cosa».

Esa puede ser una propuesta difícil para la gente poco flexible. Incluso los tipos valientes se ponen tímidos cuando los anima a que se salgan de una fila y actúen con soltura. Trabajé con una compañía en la que el dueño tenía un gran humor, pero se negaba rotundamente a ser parte de la imagen de la marca. Esa era una oportunidad perdida… y es que demasiadas compañías se toman a sí mismas muy en serio.

Pero ese no es el caso del fundador de Southwest Airlines, Herb Kelleher. Tenía una personalidad enorme y curiosa y adoraba hacer parte de la publicidad. Mientras más absurda fuera, mejor. Una vez, cuando otra compañía amenazó con demandar a la aerolínea por infringir derechos de autor por usar la frase *«Just Plane Smart»* en sus pautas, Kelleher retó al dueño de ese otro negocio pequeño a un duelo de pulso. Le propuso que donaran cierta cantidad de dinero a la caridad que escogiera el ganador. Así mismo, el ganador también se quedaría con los derechos de ese eslogan. Debe saber que Kelleher tenía más de sesenta años en ese momento y el otro tipo tenía unos treinta y era atlético, así que Kelleher no tenía ninguna oportunidad de ganarle, pero la publicidad que generó esa idea fue genial para los dos. Tuvieron una especie de duelo de pulso, al que llamaron «Malicia en Dallas», frente a una cantidad de personas y declararon un empate, así que aceptaron que los dos podrían usar el eslogan y que el dinero se destinaría a la Asociación de Distrofia Muscular y a la Casa Ronald McDonald de Cleveland[11].

El éxito y la fama que una cantidad de negocios regionales crearon para sí mismos al atreverse a apostar por sus personalidades habla de cuán bien puede funcionar esta táctica. Piense en Cal Worthington, el legendario vendedor de carros, o en Frank Carvel, el fabricante de tortas de helado con la voz rasposa, quien hacía sus propios y memorables comerciales.

Si hay algo especial en la cultura de su oficio, úselo. ¿Adora tanto cazar que de vez en cuando cierra su negocio para llevar a todos los empleados a hacerlo? Use un patrón camuflado como su color y hable de sus viajes de caza. Si el dueño tiene una manera graciosa de expresarse o cuenta con una gran personalidad, póngalo a la vista de todos y conviértalo en una estrella porque eso es original y único.

---

11 Escritores de The Build Network, *3 Lasting Lessons from Malice in Dallas*, Inc., 22 de julio del 2013, recuperado el 1 de noviembre del 2016, http://www.inc.com/3-lasting-lessons-from-malice-in-dallas.html

Y eso es justo lo que quiere ser.

LA CAJA ORIGINAL Y ÚNICA

Cinco herramientas de creación de marca para que construya *su* caja única:

1. Aprópiese de una palabra o una frase

Aprópiese de una palabra o una frase, algo que se relacione con su promesa. Un ejemplo famoso de eso es Volvo. Cuando las personas están pensando en comprar un carro nuevo, si su preocupación principal es «necesito proteger a los niños», van a pensar automáticamente en Volvo porque esta marca se apropió de la palabra *seguridad* y sería difícil o imposible que otra compañía les robara esa palabra. Otro ejemplo es Disney World, el cual se conoce como «el lugar más feliz del mundo», no solo «feliz» ni «uno de los más felices», sino «el más feliz». Con Amazon, la expresión es *respuesta rápida*. Si es un miembro Prime y pide algo... *¡boom!* Ya le llegó. Para Ben & Jerry's, la palabra es *curioso* y cualquier sabor o producto que presenten tendrá esa característica.

¿No se le ocurre ninguna palabra o expresión que resuene con usted y con su marca? Intente estas.

Confiable	Solucionador de problemas
Superar las expectativas	Rapidez
Diversión	Consciente
Amigable	Detallista
Sofisticado	Único
Experimentado	Conocimiento específico

Fiable	Compañero
Diligente	Personalizado
Especialista	

(Si quiere una lista más larga, visite uncopyablethebook.com/words).

Quizás vea una de esas palabras o expresiones y diga: «eso resuena con nosotros, así que nos vamos a apropiar de ello. ¿Cómo lo reforzamos? ¿Cómo podemos convertirlo en un símbolo? ¿Cómo nos metemos en las mentes de los clientes y de los clientes potenciales para que relacionen esa palabra o expresión con nosotros?».

Las palabras y las frases son parte de mi marca. «Soy el papá de Kelly» y «soy el pistolero del mercadeo» también están en mi repertorio, y cuando otros tratan de usar esas ideas (por ejemplo: «soy el papá de John»), he tenido casos en los que mis clientes les dicen «está copiando a Miller» y los paran en seco.

Los negocios pequeños están en una posición mejor que los grandes negocios para hacer esto porque, por lo general, los negocios pequeños están trabajando con un grupo más reducido de alces, con un grupo más reducido de competencia. No están compitiendo contra megacompañías. Eso hace que sea mucho más fácil para los negocios pequeños apropiarse de una palabra o frase y hacerla parte de su mensaje como marca. Si no está haciendo esto ya, debería hacerlo.

2. Aprópiese de un color

Un giro de la palabra estrategia que las compañías pequeñas no usan mucho es el de escoger un color y apropiárselo. Coca-Cola es dueña del rojo. Starbucks es dueña del verde. IBM se apropió del azul... pero usted no tiene que ser una multinacional para apropiarse de un color.

En mi mundo, yo soy dueño del color naranja. Cuando hablo en público, siempre uso una camisa o un saco naranja. La funda de mi celular es naranja. Cuando le envío regalos a la gente, el 100% del tiempo son regalos naranjas. Y cuando les envío cosas a las personas, siempre lo hago en sobres naranjas. Mis palabras, como se lo habrá imaginado, son *original y único*, así que relaciono *original y único* con el color naranja. Le digo a la gente: «cuando vean el color naranja, piensen en las palabras *original y único*». Lo que eso genera es tanto un ancla como un desencadenante, pues fija en su mente las palabras *original y único* y lo hace pensar en Steve Miller.

¿Funciona? Las personas me dicen todo el tiempo: «no puedo ver el color naranja sin pensar en usted y en *original y único*». El naranja se ha asociado con tanta fuerza conmigo que he ido a reuniones directivas en las que cada persona de la sala está usando una camisa naranja porque todas me relacionaron con el color naranja y a mí me relacionan con lo *original y único*. Entonces, nadie, nadie puede quitarme eso. Ningún otro consultor, conferencista o persona que pertenezca a mi gremio puede apropiarse del naranja sin que el mercado lo castigue.

3. Cree desencadenantes y anclas

Considere todos los tipos diferentes de herramientas que podía usar para *anclar* su promesa en la mente del cliente o del cliente potencial y *desencadenar* el recuerdo de su nombre.

Los *souvenirs*, especialidades de publicidad, han existido durante mucho tiempo. No hay nada de malo con usarlos siempre y cuando sea más creativo que la mayoría de las personas. Pero sepa que no son lo único que puede usar.

Este es un ejemplo perfecto: hace unos años, el fabricante de plumas de lujo Mont Blanc sacó una serie llamada The Generation. Esas plumas venían en seis colores distintos y una de ellas se denominaba «aventura naranja». No eran baratas, pero le di una a cada uno de mis mejores clientes. Desde entonces, Mont Blanc ha descontinuado la colección y esas plumas se convirtieron en piezas de colección que hoy valen aún más dinero.

Pero ¿sabe qué hace que ese dinero valga la pena? Cuando estoy en las oficinas de mis clientes, cada uno de esos clientes de alto valor está usando una pluma Mont Blanc naranja. Sé que no es inusual que la gente vea esa pluma hermosa y les pregunte a mis clientes en dónde la consiguieron.

Puede hacer cosas que impacten a una o pocas personas o puede hacer cosas que impacten a una cantidad de gente. Lo importante es que sus tácticas sean congruentes con su mensaje y su propuesta de marca y que no sean solo cosas genéricas.

Yo encontré unos silbatos naranjas para perros y he estado regalándolos entre mis audiencias y clientes. Naturalmente, cambié las etiquetas para que dijeran «silbatos de alces» y les dije a mis oyentes: «okey, cuando hagan sonar esos silbatos, solo los alces podrán escucharlos. Si estuviéramos en los bosques de Norteamérica, del norte de Estados Unidos o en Canadá e hiciéramos sonar estos silbatos, nos atropellarían un montón de alces porque son la carnada perfecta para esos animales. Cuelguen el suyo en su computador o en un lugar en donde lo vayan a ver todos los días para que recuerden usar una carnada a la que sus alces no puedan resistirse».

El mensaje tiene que encajar con el mercado. Este silbato es un ancla cuando se lo doy a mis clientes. Y cuando lo cuelgan donde pueden verlo todos los días, se convierte en un desencadenante que les recuerda mi mensaje... ¡y a mí!

Tengo un cliente que decidió apropiarse del color rojo y relacionarlo con la palabra *especialistas*. La compañía está usando esa combinación en convenciones, correos masivos, en el logo… en todas partes. Y está funcionando porque engancha.

4. Cree su propio idioma

De verdad. El gran ejemplo de esto es, por supuesto, Starbucks. Nadie sabía cómo pedir café hasta que Starbucks nos lo enseñó: el *caramel latte venti*, descafeinado, con tres *shots* de *skinny vainilla* y supercaliente quizás haya existido en alguna parte del universo antes de que Starbucks lo inventara, pero no sabíamos cómo pedirlo. Ahora todos los clientes asiduos de Starbucks pueden recitar esa orden como si hubieran nacido hablando el idioma del café.

Disney no tiene «clientes», tiene «invitados». Tampoco tiene «empleados», sino «miembros del elenco», pues eso les recuerda a los empleados de Disney que están todo el tiempo sobre el escenario y que sin importar cuán bajo sea su trabajo, son esenciales para crear la experiencia de Disney, así que necesitan mantenerse en sus papeles. El Ritz-Carlton les dice tanto a los clientes como al personal que «somos damas y caballeros sirviendo a damas y caballeros».

Yo tengo mi propio idioma y soy muy estricto con respecto a cómo se usa. Cuando el *Wall Street Journal* me entrevistó hace unos años, se extrañaron cuando les dije que mis títulos eran «papá de Kelly» y «pistolero del mercadeo». Ahora los han usado varias veces. Aparentemente, no han perdido suscriptores por eso.

No tengo *fans*, amigos, seguidores o suscriptores. Tengo mejores amigos para siempre (BFFs, por sus siglas en inglés). Todo el mundo es mi BFF. Y como he estado usando esa frase durante un tiempo, cuando la gente me contacta, me dicen algo como «he sido uno de sus BFFs durante dos años», cosa que me dice que de verdad hablan mi idioma.

Una vez que cree un idioma, es suyo. Y todas las personas con las que interactúe asociarán esas palabras y frases con usted.

5. Impresión e impacto

Cuando identifica y contacta a una ballena, ¿qué le envía? ¿El catálogo impreso que le envía a cualquier persona común? ¿Una carta que diga algo como «querido señor Smith, fue un placer hablar con usted hoy. Adjunto encontrará nuestro 10-K anual, un catálogo del resto de nuestra línea que no alcanzamos a mencionar hoy y la lista de precios de todos nuestros productos y servicios»? Qué aburrido.

Cuando consigue clientes nuevos, ¿qué les envía? ¿Una copia del acuerdo? ¿Un recibo del primer pago? ¿Un correo arrogante que diga «¡felicitaciones por su decisión de trabajar con nosotros!»?

No. No. ¡No!

Los vendedores originales y únicos usan esa oportunidad de los primeros momentos de una relación para reforzar y aumentar dicha relación y ofrecer más evidencia que los diferencia de la competencia.

Poco después de firmar el acuerdo para publicar este libro con Advantage Media, recibí una enorme caja azul que pesaba unos dos kilos. Esto es lo que tenía adentro:

- Una carta escrita a mano por Keith Kopcsak, mi contacto, dándome la bienvenida al equipo.

- Tres libros sobre cómo ser un autor exitoso, cómo vender más libros y cómo hacer lluvias de ideas.

- Una colección de seis CDs de otros autores del Advantage Media Group titulada *Author Success University*.

- Un póster gigante con una infografía sobre publicar libros.

- Un paquete de palomitas Orville Redenbacher para el microondas.

Esto se conoce como un paquete de impresión e impacto.

Muy temprano en mi carrera como conferencista y mucho antes del internet, usaba paquetes de impresión e impacto para generar nuevas reservas de conferencias, aunque no sabía que la técnica se llamaba así. Los míos no eran tan geniales como los de Advantage. Cuando tenía un buen cliente potencial, llenaba una caja con todas las cartas de testimonios que había coleccionado. Había *muchísimas*. También incluía videos de mis conferencias y, normalmente, un regalo inusual: un par de gafas de sol naranjas, un silbato naranja para «alces» o algo más. Incluía copias de cada artículo que había escrito o para el que me habían entrevistado y, por supuesto, copias de todos mis libros.

Mi objetivo era abrumar a mi cliente potencial con pruebas preponderantes de que yo era el tipo correcto para el trabajo. Y funcionaba.

¿Qué tipo de paquete de impresión e impacto puede producir para enviarles a sus clientes potenciales y a los nuevos clientes? Al esforzarse por deslumbrar de verdad a su mercado, le garantizo que se diferenciará de la competencia.

Entonces, ¿de dónde saca ideas como las que le acabo de compartir? Ese es uno de los ases bajo la manga que tienen los vendedores originales y únicos. Es una técnica poderosa a la que yo llamo robo de genialidad y que tiene su propio capítulo. Siga leyendo.

CAPÍTULO 4

Innovación original y única: robo de genialidad™

Hoy en día, cuando se sube a su carro y quiere escuchar música, conecta inalámbricamente su teléfono inteligente por Bluetooth al sistema de sonido del carro y usa Spotify. Pero no siempre fue así, niños.

Primero existió algo llamado radio. Lo encendía y esperaba que sonara algo que quisiera escuchar. La mayoría del tiempo, aceptaba lo que pusieran porque la alternativa era el silencio.

Luego alguien tuvo la brillante idea de darle a la gente una manera de reproducir música en sus carros. Llegar de ese punto hasta donde estamos hoy fue un camino difícil. En esas épocas oscuras, Chrysler lanzó un carro con un tocadiscos integrado que salía del tablero y que reproducía vinilos de 45 r.p.m. Si piensa en cómo la aguja daba saltos con cada giro y bache en el camino, sabrá por qué esa idea no perduró. Pero el concepto de tener su música cuando la quisiera era bueno. Solo se requería de una tecnología mejor.

Bill Lear, quien era un ingeniero en Motorola y el fundador de LearJet, era también un hombre con una imaginación increíble. Jamás dejaba de tener ideas. Una de las cosas en las que pensó fue en la noción de la música portátil. Existía un producto algo nuevo en el mercado llamado grabador multipista y él, al inicio, estuvo involucrado con ello. Era un mecanismo muy aparatoso que permitía usar cintas en lugar de vinilos, lo cual claramente era un paso en la dirección correcta. Entonces, salió a buscar a alguien que pudiera ayudarlo a construir este nuevo producto de audio.

Encontró a mi padre.

Mi padre se había ganado una reputación como uno de los ingenieros de sonido y desarrolladores de producto más notorios del mundo del audio y el video. Entonces contrató a mi padre y trabajaron juntos en el primer reproductor de cartuchos de ocho pistas.

Eso cambió la música para todo el mundo. La cambió para las audiencias. La cambió para la industria, para las bandas de rock y para la radio. La cambió para los adolescentes, que ahora podían poner cuando quisieran la música perfecta para besarse. Las personas fueron libres de llevar su propia música con ellas, no exclusivamente en sus carros, sino también en reproductores portátiles.

Durante la época en la que estuvieron desarrollando ese producto, mi padre y Lear intentaron descifrar en dónde lo iban a fabricar. La mayor parte del dinero que Lear había recaudado se destinaba a sus aviones, así que no quedaba mucho para fabricar reproductores de cartuchos de ocho pistas. Al principio vivían en Detroit e intentaron producirlos allí, pero los costos de mano de obra eran demasiado altos. Trataron de establecer una planta cerca de sus oficinas en Tucson, Arizona. Allí la mano de obra era barata, pero otros costos se disparaban.

Fue a mi padre a quien se le ocurrió la idea de manufacturar en Japón. Si tiene memoria, en la década de los sesenta, «hecho en Japón» tenía una connotación muy diferente a la que tiene hoy en día. «Hecho en Japón» significaba que el producto era basura. Japón aún se encontraba en medio del proceso de reconstruirse después de la Segunda Guerra Mundial y los únicos productos de calidad que salían de ese país en esa época eran aquellas sombrillas de colores pequeñas que se usaban para los cocteles. Pero los costos de mano de obra eran increíblemente bajos y mi padre vio una oportunidad allí. Todo lo que tenían que hacer era descifrar cómo construir un producto de calidad.

Entonces contactaron a un estadounidense que ya estaba en Japón, pues era consultor de un montón de compañías. Su nombre era W. Edwards Deming.

Deming había revolucionado Toyota, compañía que adoptó por completo la filosofía del control total de calidad de Deming, es decir, en esencia, que la calidad se construía *antes* de que se hiciera el producto. En el pasado, había existido la noción del control de calidad y los productos se evaluaban a medida que iban rotando por una línea de producción. Si no funcionaban, se rechazaban. Deming se dio cuenta de que eso costaba dinero y tuvo mucho éxito a la hora de crear una cultura corporativa que se centrara en hacerlo bien desde el principio.

Cuando era adolescente, me obligaban a ir a veces a viajes de padre-hijo. En ocasiones viajábamos también con Lear o con Deming. Los dos eran tipos brillantes. Lear era una gran compañía, pero Deming… no tanto. Era un poco irascible y en realidad no le gustaba estar rodeado de niños.

Escuchándolo, me quedé con una cosa en particular en la cabeza, una que, muchos años después, recordé: su concepto de evaluación comparativa, que es una de las piezas claves del control total de calidad. Lo que Deming solía describir como la idea clave de las evaluaciones comparativas era el estudio de otras compañías. Uno debía examinar a las otras organizaciones. Había que fijarse en qué eran muy, muy buenas y luego llevar ese conocimiento de vuelta a la compañía propia y emularlo en ese contexto.

Deming decía que hay dos definiciones amplias de evaluación comparativa: evaluación comparativa interna y evaluación comparativa externa. O evaluación comparativa intrínseca y extrínseca. En esencia, la evaluación comparativa interna quiere decir que se debe evaluar lo que hacen otras compañías de su industria. Estudia qué está haciendo su competencia porque necesita saber en qué punto se encuentra con respecto a ellos.

Aunque, por supuesto, debe ser consciente de qué está haciendo su competencia, Deming sentía que el problema de la evaluación comparativa interna es que jamás se pueden obtener ideas nuevas de la competencia. Solo se pueden adoptar sus mejoras y, quizás, llevarlas un paso más allá.

Esto refuerza lo que mencionamos antes. Las industrias siguen esta ortodoxia estratégica en la que las compañías se miran unas a otras, dentro de su industria, y se copian mutuamente. Y cuando ya se han copiado, ¿qué pasa? Con el tiempo, nadie es diferente de ninguna manera que importe. La competencia engendra conformismo, no innovación.

Deming decía que, hasta cierto punto, eso estaba bien. Su idea era que la evaluación comparativa interna se usara como gasolina, no para obtener ideas. Sí, aquello le permite seguir moviéndose, pero no podía ser el fin último.

Su idea innovadora fue la evaluación comparativa externa, es decir, estudiar a quien fuera diferente a usted. Estudie a gente, organizaciones y negocios que no tengan nada que ver con su mundo. Suena loco. ¿Por qué demonios haría eso? Aquí le dejo un ejemplo.

Uno de mis clientes es CONEXPO, la exposición comercial más grande de los Estados Unidos. Está dentro de la industria de la construcción y es enorme. Me llevé a las cabezas de CONEXPO a uno de mis laboratorios de robo de genialidad. En esos viajes especiales, exploramos otras industrias y buscamos maneras de aplicar lo que están haciendo a lo que nosotros hacemos. Como parte de este laboratorio peculiar de salir y estudiar lo que es diferente, les dije a mis clientes que íbamos a visitar la tienda de American Girl en Chicago. Literalmente esperé a que estuviéramos allí, en el bus, antes de darles esa noticia porque sabía cuál iba a ser la respuesta de los hombres. Me habría gustado tomarles fotos por las caras que pusieron cuando les anuncié nuestro destino.

—Los estoy llevando a una tienda de muñecas.

—¿Vamos a ir a una *qué*?

(Lo que en realidad pensaron fue: *¿para qué le estamos pagando?*).

Para cuando nos fuimos de la tienda de American Girl, tenían la boca muy abierta porque las ideas que les había desencadenado ese viaje eran muchísimas y muy variadas.

No sé si conoce American Girl, pero debe hacerlo. Nosotros fuimos a la tienda original de American Girl. En ese momento, tenían unas ocho muñecas de su línea y cada una representaba a una niña ficticia de un período diferente de la historia estadounidense. Por ejemplo, la muñeca de mi hija era Felicity, cuya historia se centraba en la Revolución estadounidense. Todo lo que venía con la muñeca (la ropa, los accesorios y el libro sobre su vida) era detallado y preciso en términos de la historia que representaba.

En esa tienda en particular tenían, para cada una de las muñecas, una exhibición al estilo de un museo en la que había imágenes y artefactos genuinos de la era histórica de la muñeca. Además, se incluían explicaciones de qué era cada cosa y cómo se había usado.

Y CONEXPO se robó esa idea ingeniosa.

Recuerdo que, cuando entré a su siguiente feria comercial, me dijeron:

—Steve, venga y mire esto.

De verdad habían creado un minimuseo allí en la feria, un museo histórico sobre la evolución de la construcción. Tal como lo había hecho la tienda de American Doll, ellos tenían diferentes «ventanas» que dejaban ver distintas eras de la construcción, así como artefactos e imágenes. Fue fantástico.

—¡Oh, wow! ¡Se inspiraron en la tienda de American Doll! —dije.

—Sí, así es, pero no les diga a los demás tipos que hay por aquí. Comentaron, riéndose.

Probablemente, la primera idea genial que se robó fue la de la imprenta. Sí, Gutenberg la inventó, pero tuvo la idea porque vio cómo las prensas de vino se usaban para exprimir el jugo de las uvas. Su idea era aplicar eso a los tipos móviles y hacer impresiones en papel. Pura genialidad robada.

Uno de mis ejemplos favoritos viene de los primeros días de vida de Southwest Airlines. Revisando los costos versus las ganancias, una de las cosas de las que se dio cuenta Herb Kelleher, el director ejecutivo, fue que la aerolínea no ganaba dinero cuando los aviones estaban en tierra. Solo ganaba dinero cuando los aviones estaban volando porque la gente paga por volar. A la mayoría de las aerolíneas les toma de cuarenta y cinco minutos a una hora limpiar y preparar el avión para cada nuevo grupo de pasajeros entre vuelos. ¿Cómo podía recortar el tiempo que los aviones pasaban en tierra?

Encontró la respuesta *estudiando a los equipos de los* pits *de NASCAR*. Durante una carrera, cada segundo gastado cargando gasolina, cambiando llantas o arreglando un problema les cuesta tiempo valioso en la pista. Los equipos de los *pits* se pasan cientos de horas practicando para poder hacer su trabajo y sacar al carro de allí tan rápido como sea posible[12]. Hoy en día, Southwest carga y alista sus aviones en unos veinte minutos. Tienen un promedio de 10.5 vuelos diarios por puerta, mientras que el promedio de la industria es de 5[13].

¿Cómo lo hacen? Todo el mundo ayuda, incluso los pilotos, cuando se trata de limpiar y hacer que las personas aborden[14].

¿Alguna vez ha visto a un equipo de *pits* de NASCAR en acción? Son como una máquina bien aceitada: todo el mundo se mueve y hace lo que tiene que hacer sin desperdiciar ni un solo movimiento. Si su carro está en los *pits*, está perdiendo una distancia valiosa en la pista, así que cada milisegundo cuenta. Herb Keller se dio cuenta de que esa clase de esfuerzo organizado podía resolverle su problema, así que contrató a un equipo de *pits* de NASCAR para que fuera y le enseñara a su gente cómo hacer que cada segundo valiera la pena. Esa es una de las grandes razones por las que Southwest Airlines es una de las aerolíneas que más ganancias obtienen en el mundo.

Me llevé a unos clientes de Delphi Automotive, una gran compañía de Detroit, a una excursión muy casual de mis laboratorios de

---

12 Zack Albert, *Evolution of the Nascar Pit Stop: How Fat It's Come*, NASCAR, julio 16 del 2014, http://www.nascar.com/en_us/news-media/articles/2014/7/16/evolution-of-the-nascar-pit-stop-nascar-hall-of-fame.html.
13 Kevin Freiberg y Jackie Freiberg, *Nuts! Southwest Airlines' Crazy Recipe for Business and Personal Success* (Nueva York: Crown Publishing, 1998).
14 Andrea Gheţe, *Southwest Airlines: from benchmarking to benchmarked*. Performance Magazine, 2 de octubre del 2013, http://www.performancemagazine.org/southwest-airlines-from-benchmarking-to-benchmarked/.

robo de genialidad. Estaban buscando nuevas ideas que pudieran aplicar a una importante feria de expositores. Fuimos al centro comercial para pasear por la Apple Store. Con el concepto del robo de genialidad en mente, empezaron a ver cómo las Apple Stores se diferencian de otras tiendas de computadores y electrónicos no por su diseño único, sino también por la forma en que la gente interactúa con los productos, por cómo reciben a los clientes, etc.

Cuando mis clientes volvieron, dejaron de lado todos los diseños viejos para sus exhibiciones tradicionales de la feria de expositores. Diseñaron un *stand* que era muy similar a la Apple Store en cuanto a la distribución, la experiencia y la interacción que las personas tendrían con sus representantes. *Y nadie se dio cuenta.* Ninguno de los visitantes que fueron al *stand* se dio cuenta de que aquello había sido un robo de genialidad a la Apple Store, pero, por supuesto, todos los empleados de Delphi sabían de dónde había salido aquello. Y fue un evento increíblemente exitoso.

Peter Drucker, a quien en general se lo conoce por ser el padrino de la gerencia corporativa moderna, solía decir que había dos cosas que una corporación necesitaba para que le fuera muy, muy bien. Una era el mercadeo y la otra era la innovación. Todo lo demás tenía un rol secundario, incluyendo la manufactura y la producción.

Entonces, desde un punto de vista de mercadeo, cuando piense en el concepto de lo original y único y empiece a hablar sobre eso en términos de marca y de mercadeo, ¿en dónde aparece la innovación? Si quiere diferenciarse de la multitud, la innovación es en lo que debe intentar centrarse, pero innovar es muy difícil.

Un día reúne a todo su personal para una sesión de lluvia de ideas y tiene un tablero en blanco enfrente. Una vez que todo el mundo se ha sentado, dice «okey, necesitamos tener nuevas ideas sobre cómo promocionar nuestros productos» o «cómo tener un mejor servicio al cliente. Vamos. Pensemos en algunas ideas. Hagamos una lluvia de ideas». Todo el mundo se queda sentado y se miran unos a otros con expresiones vacías. Y luego, con el tiempo, alguien dice: «bueno, nuestra competencia, la ABC Company, está haciendo esto». Y todo el mundo responde: «sí, sí, podemos hacer eso. ¡Incluso lo podemos hacer mejor!».

Confundimos eso con innovación y, por supuesto, no lo es. Eso es mejora. *La mejora no es innovación.* La innovación se trata más de cambiar las reglas del juego que de mejorarlas.

Recordé la filosofía de Deming unos años después. Solía jugar golf con Jim Nordstrom, quien, en ese momento, era el presidente de Nordstrom. Cuando llegó a conocerme, me dijo:

—Creo que queremos contratarlo para que venga a trabajar con nosotros.

—Bueno, Jim, principalmente soy un especialista de B2B. En realidad no sé mucho sobre ventas al por menor —dije.

—Esa es justo la razón por la que queremos contratarlo. Un consultor de ventas al por menor nos va a decir lo mismo que le dice a toda nuestra competencia. Y a ellos va a decirles también lo mismo. Entonces no vamos a aprender nada nuevo o diferente. Usted no viene de nuestro mundo. Queremos que venga y nos enseñe lo que sabe, pues así discerniremos qué es nuevo y lo usaremos.

Fue eso lo que me recordó lo que Edwards Deming había dicho sobre las evaluaciones comparativas. Y, desde ese momento, he sido un fiel defensor de esa idea. Se me ocurrió el término «robo de genialidad», que representa la idea de salir a observar lo que es diferente. Y uso la palabra *diferente* porque, como es obvio, significa que las personas y las culturas industriales que está estudiando son desconocidas para usted. No es inusual ver algo que puede ser común en otra industria, pero que no existe en la suya. Debe coger esa cosa común y llevársela a su industria, en donde es nueva por completo. Y si lo hace bien, eso es difícil de copiar.

Ya he hablado sobre adoptar la mentalidad original y única, la cual se centra en intentar ver las cosas con nuevos ojos. Está intentando dejar de lado su propia heurística porque todos la tenemos.

El robo de genialidad requiere que se ponga en una posición que sea incómoda y desconocida para usted. Debe estudiar organizaciones y experiencias distintas.

Además de Delphi, he llevado a muchos de mis clientes a centros comerciales y en algún punto terminamos yendo a la Apple Store. Siempre les digo: «cuando entren allí, no entren como los clientes típicos que siempre han sido, pues cuando entran como consumidores, los está manipulando la experiencia que Apple quiere que tengan. Cuando van a robar genialidad, deben desligarse de eso. Imagínense que son como alienígenas que están diciendo: "queremos estudiar a esos seres humanos raros y queremos estudiar esas cosas raras que llaman negocios". Entren, entonces, con una perspectiva fresca que los anime a preguntarse qué está haciendo esa compañía para tener un impacto en su experiencia, qué está haciendo esa compañía para que la gente se separe de su dinero. Tienen que observar la experiencia de compra al por menor que están viviendo desde esa perspectiva: desde la primera impresión que les da la disposición de la tienda hasta cómo están exhibidos los productos y cómo están vestidos los empleados. Si hacen eso, verán las cosas de un modo diferente. Verán cómo la compañía ha hecho que la experiencia de sus clientes sea única».

HE ENCONTRADO CUATRO ESTRATEGIAS DIFERENTES PARA ROBAR GENIALIDAD Y, ADEMÁS, SE LAS ENSEÑO A MIS CLIENTES

1. Adopte una estrategia enfocada en los objetivos

Digamos que es el encargado de una feria comercial y no está feliz con la forma en la que el tráfico de clientes fluye por el lugar. ¿Cómo puede pensar en una manera más inteligente de manejar ese tráfico y hacer que más personas puedan caminar por toda la feria en lugar de que solo se detengan en unos pocos *stands*?

En general, las ferias comerciales son un gran ejemplo de cómo manejar mal ese tráfico. Casi siempre se diseñan en pasillos que van de arriba abajo y los grandes expositores siempre están al frente del recinto. Los expositores pequeños o más nuevos quedan relegados al fondo y a los lados, en donde el tráfico es menor.

Claro que se puede mejorar. Entonces, mejorar el flujo del tráfico es el objetivo aquí. Por lo tanto, hay que pensar en quién, por fuera del mundo de las ferias, es un experto en el flujo del tráfico.

Pues bien, los supermercados son muy, muy buenos manejando eso. Piénselo. Los supermercados están dispuestos de una manera muy similar a la de las ferias, con pasillos que van de arriba abajo. Pero ¿en dónde ponen la leche, que sería el equivalente al expositor más grande? Prácticamente todo el que entra va a comprar algo de leche, tal como todo el que entra a una feria seguro va a parar en el *stand* del expositor más grande. Entonces, ¿acaso ponen la leche al frente de la tienda, de modo que usted pueda agarrarla e irse con prisa?

NO. *Está al fondo de la tienda. Convierten el punto de la leche en un destino.*

Siempre está lo más lejos de la puerta que se pueda, así que usted se ve forzado a atravesar toda la tienda para conseguirla. Los supermercados separan las secciones a las que la gente quiere llegar y las ubican en las cuatro esquinas de su espacio. Así, las frutas y vegetales están en una esquina, la carne está en otra y la leche está en otra. Eso lo obliga a pasar por todo el perímetro de la tienda, haciendo que vea todos los demás productos. Los productos que dejan un margen más alto de ganancias se ubican al nivel de los ojos. Lo básico, lo que deja un margen menor de ganancias, está ubicado en el estante más bajo.

¿Eso funciona? Bueno, ¿cuántas veces ha ido al supermercado por una botella de leche y ha salido de allí con bolsas y bolsas de comida? ¿Siempre?

Los casinos de Las Vegas son un gran ejemplo de un flujo de tráfico manejado a la perfección. No hay líneas rectas en un casino de Las Vegas. Se pierde en ellos, lo cual es precisamente el objetivo. Lo fuerzan a caminar de un modo serpenteante y confuso alrededor del casino.

Todos estos son ejemplos magníficos del robo de genialidad enfocado en un objetivo. Si aquello en lo que quiere trabajar es en el flujo del tráfico, identifique primero las industrias que sabemos que son muy buenas en eso y luego estudie sus mejores prácticas.

2. Estudie a genios específicos

Las tiendas de American Girl y los parques de Disney son ejemplos que ya he usado. Las compañías van al Disney Institute para aprender sobre servicio al cliente, pero no es a eso a lo que me refiero.

¿En qué es muy bueno Disney? Por ejemplo, ¿cómo atrae Disney a los invitados a sus parques? ¿Cómo mejora Disney la experiencia de un cliente? Una vez que empiece a estudiar a Disney desde una perspectiva como esa, empezará a ver qué hace esa compañía que pueda extrapolarse a su negocio.

He estudiado muchísimo a Disney durante un montón de tiempo y he conducido muchos laboratorios de robo de genialidad en Disney World. Incluso crearon un programa para que yo pudiera llevar a mis clientes. Entre las cosas que hemos aprendido está que, cuando usted llega a Disney World o incluso a Disneyland, lo primero que nota es que en realidad no puede ver el parque desde las rejas de entrada. Llega a las rejas y lo primero que ve es un hermoso jardín con un «retrato» enorme de Mickey Mouse hecho de flores.

Eso está diseñado para que allí se tome su primera foto. La mayoría de las personas se detiene y se toma una foto enfrente de Mickey, lo que marca el tono de su visita. Si mira hacia abajo, notará que el concreto sobre el que camina es como una alfombra roja gigante que le da la bienvenida. Luego tiene que pasar por un túnel oscuro para entrar al parque. Toda la longitud de este túnel está cubierta de imágenes grandes (pósters falsos de películas, en realidad) de las atracciones que verá dentro. Estas pistas de las atracciones le crean anticipación. Luego, *boom*, sale del túnel a la luz del sol y se encuentra en Main Street, el homenaje de Disney de un antiguo pueblo de la nostalgia estadounidense. Está de pie allí y, desde ese punto, puede ver el castillo de la Bella Durmiente. Lo que quizás no note es que los artistas y diseñadores que crearon Main Street usaron una técnica llamada perspectiva forzada para hacer que todo parezca más grande y, como por arte de magia, más lejano, haciendo que enfoque su mirada en la torre más alta de aquel castillo que parece tan distante.

Cuando pasa junto a la panadería, se le hace agua la boca por el olor de las galletas horneándose… pero la realidad es que no hay hornos en la tienda. Las galletas se hornean a muchos kilómetros y se llevan allí, pero Disney tiene sistemas de ventilación instalados fuera de la panadería, de modo que salga hacia el aire exterior el olor de unas galletas recién horneadas. Las máquinas de palomitas hacen lo mismo.

¿Y alguna vez ha notado, mientras camina por un parque de Disney, que la línea que separa los diferentes mundos (Fantasyland, Frontier Land, etc.) se indica sutilmente por un cambio paulatino en la textura del suelo que pisa? ¿O alguna vez ha visto a alguien con el atuendo que no sea del «mundo» en el que se encuentra? Jamás verá a un empleado de Tomorrow Land caminando por Frontier Land porque eso sería incongruente. Todos desaparecen por un elaborado sistema de túneles y corredores subterráneos en Magic Kingdom. Las puertas por las que se accede a ellos están ocultas al público, lo que les permite a los miembros del elenco moverse por el parque sin que los vean.

Pero la mayoría de la gente no se fija en esos detalles. Solo sienten la experiencia sencilla y perfecta de Disney sin entender el nivel de esfuerzo, arte y estrategia que se necesitó para crear dicha experiencia.

Y ese, por supuesto, es el objetivo.

Por cierto, ellos jamás dejan de innovar. Eso es lo otro que he notado en los más de cincuenta viajes que he hecho a Disney.

Podría seguir y seguir, pero mi punto es que usted está yendo a algún lugar. Ya sea en la tienda de American Girl, en Disney, en Las Vegas o en el supermercado Wegmans, da igual. Visite compañías que se note que estén bien dirigidas y busque qué ideas puede robarse.

Habiendo leído hasta aquí, no se sorprenderá cuando lea cuál es mi tercera estrategia.

3. Pregúntese qué haría Disney

No tiene que ser literalmente Disney. Cualquier empresa muy exitosa y única puede reemplazar a Disney en esta estrategia.

A veces hago un ejercicio con mis clientes y les pido que nombren una gran compañía. De vez en cuando mencionan a Apple.

Yo les digo:

—Muy bien. Si Apple apareciera y quisiera comprar su compañía, ¿qué haría Apple para hacer su empresa más exitosa?

O, si escogen a Disney, mi pregunta es:

—¿Qué haría Disney para hacer que su compañía fuera más exitosa?

O si escogieron a una diferente:

—¿Qué haría FedEx si fuera a comprar su empresa? ¿Qué estrategia usaría? ¿Qué cambiaría? ¿Qué haría el Circo del Sol?

—Vaya, eso sería una locura —responden.

Luego se les ocurren ideas de cómo se vería esa clase de *locura*.

Entonces les pregunto:

—¿Por qué no hacen justo eso?

Y algunos contestan:

—Porque iría en contra de algunas normas de la industria.

Yo replico:

—Sí, ¿cuál es el problema con eso?

Porque, de nuevo, la gente se queda estancada en sus propias heurísticas. Pero en el momento en que empieza a desarrollar un ejercicio como este, los clientes comienzan a decir «queremos ser diferentes. Queremos que nos distingan de todos los demás».

¿Sí lo quieren? ¿Y qué hay de usted?

Inténtelo. Piense en alguien. ¿Qué haría Steven Spielberg? ¿Qué habría hecho Steve Jobs si hubiera comprado su empresa? ¿Y qué hay de Mary Kay Ash o Jeff Bezos? Piense en gente que admire. Si llegaran y lo aconsejaran, ¿qué le sugerirían?

Uso estos primeros tres ejercicios todo el tiempo con mis clientes, pero la tercera estrategia, la pieza más importante y poderosa del robo de genialidad, *es desarrollar el hábito de tener la consciencia activa para robar genialidad.*

4. Desarrollar el hábito de tener la consciencia activa

¿A qué me refiero con eso? Me refiero a que debe tener activado el radar, en donde sea que esté, para que se encuentre alerta y perciba ideas. Estará haciendo y respondiendo estas preguntas: ¿qué es diferente con respecto a cómo esa otra compañía conduce sus negocios? ¿Cómo se comunica con sus clientes? ¿Cómo dirigen a las personas? ¿Cómo están promocionando sus productos? ¿Qué están haciendo ellos con sus productos que usted no esté haciendo con los suyos? Esa es la tarea que les dejo a mis clientes y tiene como intención crearles un hábito, algo que harán sin pensarlo una vez que lo hayan interiorizado.

Cuando vuelvo después de una serie de sesiones de entrenamiento con clientes, generalmente salimos a almorzar o a cenar a alguna parte. Una vez que todos estamos sentados y cómodos, digo:

—Vamos por turnos. Que todo el mundo me diga algo que haya observado sobre cómo este restaurante conduce su negocio.

Siempre surgen cosas interesantes. Cuando les hago esa pregunta, dicen cosas como:

—Bueno, cuando entramos, nos saludaron así.

Otro puede decir:

—Noté que uno en realidad no ve a los ayudantes aquí.

Luego intervengo:

—Okey, ¿eso es algo que se puedan robar?

Lo que busco crear es una consciencia permanente. Y, como cosa interesante, muchos de mis clientes han adoptado tanto este hábito que no pueden ir a ningún sitio sin poner en práctica este tipo de observación detallada. Pero también he plantado una semilla que los ayuda y todo funciona en conjunto porque, a pesar de lo mucho que quiera que la gente recuerde esto, lo van a olvidar.

Por eso siempre les refresco lo siguiente: «el color naranja es un desencadenante. Es un desencadenante inconsciente que les recuerda que quieren ser originales y únicos, que deberían observar las cosas que puedan robarse y que deberían fijarse en cosas que puedan observar durante diez minutos».

Y funciona. Por eso lo llamo un desencadenante. El naranja no logra únicamente que mis clientes piensen en mí, sino que también les recuerda que deben robar genialidad.

¿Ya ve cómo es que todo esto encaja?

El naranja no solo es mi color insignia. Está relacionado con una estrategia de innovación y con la estrategia de experiencia que enseño. Nada es independiente ni está suelto. Todo trabaja en conjunto.

Tiene que crear desencadenantes y anclas que alimenten su propuesta de marca, su promesa. En el siguiente capítulo, ahondaré más en cómo crear su club, ese espacio exclusivo que sus clientes VIP jamás querrán dejar, el espacio al que sus clientes menos valiosos le rogarán por que los deje entrar.

CAPÍTULO 5

Experiencia original y única

¿Alguna vez fue miembro del Club de Mickey Mouse? Yo sí. Tenía las orejas. Cuando me ponía las orejas y veía el programa en televisión, de verdad sentía que pertenecía a alguna parte. Sentía que era uno de los chicos *cool*.

De una forma u otra, la mayoría de nosotros queremos ser uno de los chicos *cool*. Al crecer, muchos intentamos ser parte de los chicos *cool* del colegio. Nos sentíamos mejor con nosotros mismos si lo lográbamos. La cosa es diferente para los adultos, pero igual la idea nos atrae. Los dueños de Harleys son chicos *cool*. Los golfistas con el *driver* Callaway más reciente son chicos *cool*. Usar un Apple Watch o un Fitbit hace que entre en la categoría de los chicos *cool*. Cada una de esas cosas es un ejemplo de enganche.

Hay cinco pasos críticos que deben darse para crear enganche. El primero es que la gente que esté en su círculo más cercano sea tratada como los chicos *cool* y, automáticamente, sean miembros de ese club de chicos *cool*. Mientras estén en el club, recibirán cosas geniales y todos los beneficios de ser *cool*, pero si se van, no obtendrán más ese tipo de cosas. Entonces hay un castigo por irse y eso puede transformarse en lo que yo considero que es la manera más poderosa de entregar una experiencia original y única y hacer que la gente se enganche: crear un club del que todo el mundo quiera ser miembro.

¿Sabe qué es el Club 33? Es un club secreto privado que hay dentro de Disneyland, justo al lado de la atracción de Piratas del Caribe. La única manera de saber que está allí es encontrando una puerta con el número 33 en ella.

Pero, cuando entra, descubre una experiencia maravillosa. El Club 33 no solo es el mejor restaurante de Orange County, California, sino el único lugar en toda la propiedad de Disneyland que sirve alcohol. La comida es espectacular, pero es el ambiente lo que de verdad es increíble. Hay dibujos enmarcados de Walt Disney por todas partes, así como algunos de sus objetos personales, como su piano. Es muy, muy, muy *cool*. Puede entrar allí con pantalones cortos y también he visto a gente usando esmoquin. He visto a estrellas de cine allí y a miembros de la realeza. Todo el mundo está feliz de pertenecer al Club 33. La última vez que revisé, la lista de espera para obtener una membresía era de diez años. Cuando lo llevan allí, sin importar quién sea, se emociona. Si es un invitado, deseará ser uno de los chicos *cool* del Club 33.

Disney es el mejor haciendo este tipo de cosas. Ninguna corporación es más leal a sus fans. Además del exclusivo Club 33, Disney también tiene un club para adultos fanáticos que se llama D23, una referencia a la fecha de inicio de Disney Studios en 1923. No cuesta demasiado convertirse en miembro (solo 75 dólares al año), pero una vez que paga su tarifa administrativa, ya es miembro del club. Obtiene una revista brillante llena de datos únicos sobre los parques y las películas por las que los amantes de Disney viven. Le ofrecen eventos especiales, incluyendo viajes al Disney de California, proyecciones de películas y vistazos exclusivos de atracciones en desarrollo. También puede conocer a animadores legendarios de

Disney y comprar mercancía especial y exclusiva. Disney tiene convenciones masivas que atraen a miles de personas. D23 fue idea de quien entonces era el director del estudio, Robert Iger, quien creó esta «primera comunidad oficial para fans de Disney» en el 2009 para hacerlos sentir que eran «parte de la magia». En otras palabras, para que fueran parte de los chicos *cool*.

¿A dónde cree que se van esas personas de vacaciones? ¿Y qué cree que les dicen a sus amigos sobre la experiencia?

El *bourbon* Maker's Mark tiene su Club de Embajadores. Cuando se une, le dan tarjetas profesionales que declaran que usted es un embajador de Maker's Mark y la compañía le envía cosas geniales para que comparta con más gente. También graban su nombre en una placa de estaño de un barril nuevo. Luego de que se haya añejado durante dos o tres años, puede ir a Loretto, Kentucky, y obtener dos botellas marcadas con el nombre que registró en el barril. Cada Navidad, la compañía le envía un regalo. Por ejemplo, una tapa con forma de bota de Navidad para su botella de Maker's Mark. La destilería de Maker's Mark en Kentucky organiza eventos especiales para los miembros. El director ejecutivo me contó que más de cinco mil personas se presentan allí y que todas son embajadoras.

Esas cosas tangibles que les da a los chicos *cool* (su versión del silbato para «alces» o la pluma Mont Blanc) se les entregan para elevar la relación, para reforzar su presencia como marca. Cuando era niño y buscaba su anillo de enigmas o se ponía las orejas del Club de Mickey Mouse, hacía parte de algo y el anillo, las orejas o lo que fuera se convertía en su enlace físico con la marca, lo cual lo emocionaba porque se sentía miembro y dueño de algo.

Los programas de prisioneros frecuentes de las aerolíneas son, quizás, el ejemplo más exitoso de esta clase de club. Toda mi vida he viajado mayoritariamente en American Airlines. Me registré en el programa de prisionero frecuente el año en que lo lanzaron, así que ahora no me puedo ir de allí porque le pertenezco a la aerolínea. La pérdida para mí sería demasiado grande. He acumulado más de cinco millones de millas en American y, como estoy en una categoría tan alta, mis millas jamás expiran. Pero si dejara de volar con American, me dirían algo como «oh, okey, dejó de volar con nosotros, así que sus millas expirarán el próximo año». Y entonces quedaría jodido. Ya no sería un chico *cool.*

Ese es un club y ninguna industria tiene más éxito haciéndoles entender a las personas lo poco ventajoso que sería que se fueran del club que la industria de las aerolíneas.

Los clubs para chicos *cool* no solo son para Disney, Maker's Mark y American Airlines. Yo trabajo con Incisive Computing, una pequeña compañía que desarrolla *softwares* para la industria del almacenamiento portátil. Cuando empezamos a trabajar juntos, la compañía quería aumentar la demanda de su *software* y también ser capaz de mejorar continuamente el producto para el mercado. Pero ¿cómo podíamos crear un *enganche original y único*?

Lo primero que hicimos fue renovar la marca y la posición de la compañía en el mercado. Se especializa en un negocio de nicho, un nicho prolífico, pero pequeño. Su mayor competencia son las grandes compañías para quienes esta área particular es solo un pequeño segmento de su negocio más grande. Entonces, tenía sentido posicionar a Incisive como el especialista de la industria. Eso es lo que hace Incisive. Es todo lo que hace y tiene más experiencia y experticia en este negocio que cualquier otra empresa.

Pero al denominarse como una compañía especialista, Incisive tiene que limitar el número de clientes que acepta para mantener su producto de alta calidad y su servicio al cliente de alta calidad (¿ya ve hacia dónde va esto?).

Entonces, el mensaje de la compañía es que para crear los productos de más alto nivel y prestar un servicio al cliente de alta calidad, debe limitar su base de clientes a un número específico de compañías. Si quiere convertirse en uno de sus clientes, entrará en una lista de espera. Así, cuando un cliente se vaya, la siguiente compañía de la lista puede acceder a los servicios. La escasez más la exclusividad resulta en su propia versión de un club para chicos *cool*.

Luego dije: «miren, sus precios deben ser *premium* porque son especialistas y únicamente pueden trabajar con un número limitado de compañías». En la exposición anual, esta compañía tiene una reunión con sus usuarios, a quienes les dan mercancía con el logo para recordarles cuáles son los beneficios de que hagan parte de ese grupo élite de usuarios.

¿Y si la gente decide irse del club, pero luego se arrepiente y quiere volver? Difícil.

Que se vuelvan a poner al final de la fila. Les está yendo increíble con esta estrategia. Seguir los pasos de mercadeo y las ideas originales, únicas y accionables, ha resultado en que duplicaron los clientes potenciales que consiguen en las exposiciones y en un 56% de aumento en las ganancias por suscripción.

Para mí, un club es una de las cosas más *cool* que puede crear. Un club crea ese enganche personal y emocional en el que el miedo a la pérdida es más grande que casi cualquier otra cosa, así como la percepción de que está obteniendo cosas de mucho valor.

Le apuesto a que pertenece a un par de clubes así no lo vea de esa manera… y su experiencia con ese producto o servicio se define por su membresía. Si es un usuario de Mac, está en un club. Así es. Y, durante años, ha existido una rivalidad entre las personas que usan Mac y las que usan un PC. Y la gente que usa Mac siempre se considera a sí misma mucho más *cool*. Claro, los PC son la vasta

CONVIÉRTASE EN EL CLUB AL QUE TODOS SUS CLIENTES Y CLIENTES POTENCIALES QUIERAN PERTENECER.

mayoría del mercado, pero los chicos *cool* están con Apple. Y usted jamás dejaría de usar Macs o iPhones porque entonces dejaría de pertenecer al club y tendría que encontrar todo un nuevo grupo de amigos.

A mí me gustan los clubes formalizados. Tengo un club de unas dieciocho grandes asociaciones de comercio que fundé hace veinte años. Nos reunimos tres veces al año y trabajo con ellas para crear experiencias increíbles y originales y únicas para sus reuniones o exposiciones, de modo que puedan incrementar el valor de lo que están promocionando, vendiendo y compartiendo. Es un gran ejemplo de lo que les enseño a mis clientes: si son capaces de establecer un club con sus clientes, en especial con sus clientes grandes e influyentes, pueden aprovecharse de eso. En este caso, aunque estas asociaciones pagan por ser miembros de mi club, me han contratado como consultor, he hablado en sus conferencias, hago webinarios con ellos y estoy expuesto a sus miembros, sus patrocinadores y sus expositores. Eso ha sido una ayuda tremenda a la hora de hacer crecer mi negocio.

El segundo paso crítico para crear enganche es darles a los clientes algo que nadie más tenga.

Existen toda clase de cosas que puede hacer por sus miembros y que van mucho más allá de su propia versión del silbato para «alces». Una ventaja genial exclusiva para miembros puede ser *información confidencial o contenido original que se comparta con clientes*. A veces las compañías hacen encuestas o proyectos de investigación. Luego, cuando han recolectado los datos, los comparten con sus clientes y con nadie más, asegurándose de que esos clientes valiosos sepan que los datos son exclusivos para ellos. Como alternativa, en ocasiones las compañías venden la investigación a un precio muy alto, pero se la dan a sus clientes de manera gratuita, diciéndoles «es nuestro regalo para ustedes, uno de los beneficios exclusivos de ser nuestro cliente».

Los documentos informativos, los videos y los pódcasts son otras formas de contenido confidencial original que puede compartir con sus clientes, así como entrevistas con ellos que puede subir a su página web o a YouTube. Algunas compañías ofrecen acceso limitado a esta clase de materiales mientras dejan claro que el contenido completo está reservado para sus clientes.

Si su club es grande, considere segmentarlo en niveles que premien más a sus mejores clientes y que les den a los que gastan menos un objetivo por el que trabajar. Las aerolíneas hacen eso: sus programas de prisioneros frecuentes (las campañas con hoteles y demás) están divididos de acuerdo con cuánto y cuán frecuentemente gasta un cliente (ya hablaremos más de eso en el siguiente capítulo).

Recuerde que la clave para hacer que su club sea atractivo es encontrar maneras de darles a sus clientes premios tangibles e intangibles que sirvan para el doble propósito de hacerlos sentir como los chicos *cool* y hacer que recuerden el nombre de su compañía cada que vean esos premios.

El tercer paso crítico para crear enganche es convertirse en el Kevin Bacon del universo de sus clientes.

Cuando crea un club y *se vuelve el facilitador de ese grupo*, su valor es extraordinario. Pero yo también he cultivado a consciencia mi red de contactos en la industria de las ferias porque pretendía convertirme en el Kevin Bacon del mundo de las reuniones y las convenciones.

¿Recuerda el juego *Los seis grados de Kevin Bacon*? En esencia, la idea es que todo el mundo en Hollywood está separado de Kevin Bacon por seis personas, como máximo. El ganador del juego es quien pueda encontrar el camino más corto de cualquier figura de Hollywood hasta Kevin Bacon. Por ejemplo, Henry Winkler apareció en *Ground Control*, el éxito de taquilla de 1998, con un actor llamado John Neilsen (¿quién?), que también apareció en *Rails and Ties* con Kevin Bacon en el 2007. Winkler tiene un número Bacon de dos (¡en realidad existen páginas web que puede buscar en Google para jugar este juego!).

Durante años, fui la persona con una conexión más cercana a cualquier individuo de la industria de las ferias y las exhibiciones. La gente me preguntaba «Steve, ¿conoce a esta persona?». Y la respuesta, la mayor parte del tiempo, era que sí. Usualmente se trataba de un grado de separación y a veces de dos. Eso me hizo muy valioso para la gente que buscaba hacer contactos, pero *solo las personas de mi club tenían acceso a esa parte de lo que podía hacer.*

Ser un recurso, ser una conexión, es una manera poderosa de crear una experiencia que es muy difícil de copiar, si es que no es incopiable. De nuevo, todo se reduce a que defina y cree su propia caja en la mente del cliente, en la mente del cliente potencial o en la mente de la industria.

Está creando una experiencia con la gente y está metiendo en esa caja cosas que refuercen esa experiencia, la amplifiquen y sean difíciles de conseguir, *que no estén en ninguna otra caja*. Es como decir «voy a crear mis propias reglas de competencia», tal como lo hizo Incisive Computing cuando se declaró una empresa especialista que tiene y mantiene una base de clientes limitada. Esa es la caja.

La gente que quiera estar dentro de esa caja hará todo lo que se le ocurra. Al mismo tiempo, también ayuda si la gente dice que no quiere estar en esa caja. Como lo dice Incisive, así como Harley-Davidson, «no pasa nada».

Diferenciarse y definirse puede ser un reto si su competencia ha arrinconado a una demografía específica. Al diseñar su parque temático para que compitiera, Universal Studios aceptó el reto y creó una experiencia para los usuarios que es, a consciencia, *muy distinta* a la de Walt Disney World. Walt Disney World apunta a la «familia». De eso se trata. Universal Studios es para adolescentes y jóvenes adultos, tiene una vibra más arriesgada en cuanto a las atracciones y el diseño del parque y, además, cuenta con restaurantes que venden alcohol. Cada uno ha creado sus propias cajas y sus propios clubes.

El cuarto paso crítico para crear enganche es buscar la oportunidad para hacer algo que no sea un *producto*.

¿Cuál es la diferencia entre American Airlines, Delta Airlines y United Airlines?

La respuesta es: *ninguna*. No hay nada diferente. Lo único que lo engancha a una u otra es la membresía de sus programas de prisioneros frecuentes.

Pero luego tenemos a Southwest Airlines, pues Southwest Airlines ha creado una experiencia (vaya, los estoy mencionando mucho... Me pregunto por qué).

Southwest no se enfoca tanto en ser un club, sino en ser genial creando experiencias únicas, divertidas y asombrosas, cosas que pasan cuando vuela con Southwest.

En una ocasión, mi amigo Larry y yo estábamos volando desde Albuquerque hasta Phoenix.

Cuando usted se sube a un avión de Southwest, lo primero que nota es que los auxiliares de vuelo actúan como si quisieran estar allí, cosa que ya es diferente. Una auxiliar de vuelo nos dijo:

—Buenos días. Me alegra verlos. Gracias por elegirnos.

—¿Sabe qué? Él es un autor mundialmente famoso —le respondió mi amigo Larry.

¿Autor mundialmente famoso? ¿De qué demonios habla?, pensé.

Pero ella me miró y dijo:

—¿De verdad es autor?

—Bueno… sí —respondí.

—¿Tiene uno de sus libros con usted? —preguntó.

—Sí.

—¿Le gustaría regalarlo como un premio? —Quiso saber.

—Claro, ¿por qué no? —contesté.

Luego despegamos. Tenga en cuenta que es un vuelo muy corto, de tan solo unos cuarenta y cinco minutos. Después de que los auxiliares de vuelo hicieran la demostración de seguridad, la mujer tomó el micrófono y dijo:

—Damas y caballeros, nos complace anunciarles que hoy tenemos a Steve Miller, autor mundialmente reconocido, en nuestro vuelo. Se ha ofrecido, con mucha generosidad, a regalarle uno de sus libros firmado al ganador de nuestro concurso. Este será el concurso: agarren un trozo de papel, escriban el número de su asiento y luego anoten cuántos recuadros de papel higiénico se necesitarán para hacer una línea recta por el pasillo desde la fila 1 hasta la 30. Luego desenrollaremos uno por el pasillo y contaremos la cantidad. La persona que se acerque más al número se ganará el libro.

Todo el mundo se estaba riendo y se podía ver que la gente estaba pensando en ello: qué tan grande era cada recuadro y cuántos se necesitarían para atravesar el pasillo. Todos escribían como locos, haciendo cálculos. Cuando nos empezamos a acercar a Phoenix, la auxiliar de vuelo dijo:

—Okey, necesitamos que todos nos entreguen sus respuestas.

Después, la tripulación sacó un rollo de papel higiénico, lo desenrollaron en el pasillo y contaron la cantidad de recuadros. Antes de que aterrizáramos en Phoenix, un niño de doce años se ganó una copia autografiada de *How to Get the Most Out of Trade Shows*.

El niño estaba muy emocionado.

Pero, de nuevo, este es un gran ejemplo de buscar una oportunidad para hacer algo que no involucre a su producto. Está bien que se encarguen de que el vuelo sea seguro mientras dan pretzels como *snacks*, pero la tripulación nos entretuvo, nos enganchó. Y tenga por seguro que todos los que estaban en ese avión han contado esa historia. De hecho, he contado esa historia muchas veces frente a mis audiencias.

Eso no sucede por accidente. Es una consecuencia de contratar con inteligencia, de entrenar con inteligencia y de tener una visión para construir una cultura corporativa que cree experiencias memorables y muy específicas de Southwest. Eso no le costó nada a la aerolínea. Únicamente fue necesario que un miembro de la tripulación estuviera prestando atención y aprovechara una oportunidad para convertir un vuelo mundano en algo divertido y gracioso. Y esa persona que estaba prestando atención me hizo sentir a *mí* como una estrella de rock.

Lo cual nos lleva al quinto paso para crear enganche: convertir a sus clientes en estrellas de rock.

¿Cómo está creando oportunidades de estrella de rock para sus clientes?

Si alguna vez tiene la oportunidad de ir a un espectáculo en la hermosa Casa de la Ópera de Sídney, experimentará una de las estrategias más brillantes para crear estrellas de rock que he visto... bueno, siempre y cuando esté manejando un Lexus.

Verá, tienen un valet que se encarga solo de los Lexus. Usted se detiene frente al valet y él se hace cargo de su carro y lo parquea. En sí mismo, eso es bastante genial, pero también hay un área especial VIP reservada para usted, el dueño del Lexus. ¡Bienvenido!

¿Maneja un Mercedes? Vaya. ¡Usted mismo puede parquear su carro, perdedor! No hay ningún área exclusiva reservada para usted.

Piense en eso por un momento. Si usted es alguien que va a la Ópera de Sídney y es dueño de un Lexus, ¿alguna vez consideraría cambiarse a Mercedes? Probablemente no, pues ya está acostumbrado a que lo traten como una estrella de rock por ser dueño de un Lexus. ¿Es atención añadida? Claro. Además, puede mirar por encima del hombro a quienes tengan un Mercedes. ¡Usted es uno de los chicos *cool*! Para usted, manejar un Mercedes sería rebajarse.

Lexus ha creado una experiencia que va mucho más allá de su producto. ¡Son unos genios! Antes hablé sobre los tres componentes tradicionales de la competencia en los que las compañías basan sus ventas: producto, servicio y precio. Añadir una experiencia a la relación que sus clientes tienen con usted une esas tres cosas y magnifica dicha relación.

Ya hablamos de la estrategia de marca en el capítulo tres y sobre la estrategia de innovación en el capítulo cuatro. La estrategia de marca se reduce a lo que significa su promesa para la gente del mercado. La estrategia de innovación se trata sobre prometer que entregará algo valioso y diferente. Lo que sucede como resultado de crear ese tipo de experiencia es el *enganche*.

Es posible que pueda crear una promesa para su cliente y que la pueda reforzar con sus anclas y desencadenantes. Puede ser innovador y fresco, pero igual quedarse corto a la hora de crear un enganche personal genuino porque crear una experiencia que produzca un enganche personal es el ingrediente secreto de la estrategia original y único. Todos los demás elementos son complementarios y actores secundarios para la estrella del espectáculo, que es la estrategia para las experiencias.

Me encontraba en un viaje de negocios y me estaba quedando en el Muse Hotel de Manhattan, un pequeño hotel *boutique* a una manzana de Times Square. Me estaba preparando para ir por la mañana a una reunión. Me encontraba en el baño y tenía uno de esos tubos pequeños de crema de dientes para viajes. Estaba casi vacío, así que lo apreté para sacar hasta la última gota. Me lavé los dientes, boté el tubo vacío y me prometí que conseguiría algo de crema de dientes antes de volver por la noche al hotel.

Estuve todo el día por fuera en reuniones y, por supuesto, todos fuimos a cenar y se nos hizo tarde. Eran alrededor de las 10:30 cuando volví al hotel. Me metí al ascensor, subí a mi piso y cuando puse la mano en la perilla de la puerta de mi habitación, me di cuenta de que se me había olvidado comprar crema de dientes.

¡Aggg! Son las 10:30 de la noche y ahora tengo que salir y conseguir algo de crema de dientes. Maldita sea.

Entré para dejar mi maletín y ya iba de nuevo hacia la puerta cuando le eché un vistazo al baño. En el mesón del baño, había un nuevo tubo de crema de dientes y una nota de la mucama que decía: «querido señor Miller, noté que se le había acabado la crema de dientes. No quise que se preocupara por eso, así que me tomé la libertad de conseguirle una nueva. Espero que esté disfrutando de su estadía. Marsha».

¡Vaya! Yo estoy en el negocio de sorprender y aun así me sorprendieron a mí.

Entre a la página web del Muse Hotel y vea cuál es su promesa como marca: «nos encanta reunir la energía de la ciudad en nuestro hotel, pero también tenemos una faceta más relajada y reflexiva. Siempre estamos pensando en nuevas ideas para mantener la experiencia fresca y para darle la bienvenida».

Si hubiera leído eso antes de quedarme allí, quizás lo habría desestimado. ¿Cuántas veces le han dicho cuánto lo valoran y le han prometido «que van a ir mucho más allá» y todas esas cosas? ¿Y cuántas veces se ha incumplido esa promesa?

Pero ellos estaban diciendo que «siempre estamos pensando en nuevas ideas» y conseguirme esa crema de dientes fue una experiencia asombrosa que me demostró que de verdad cumplen.

Todo por un pequeño tubo de crema de dientes.

He contado esta historia cientos de veces frente a decenas de miles de personas alrededor del mundo. Le he preguntado a la gente si eso les ha pasado alguna vez y nadie ha dicho que sí. Las personas sencillamente no pueden creerlo y dicen «vaya, esa fue una experiencia asombrosa». Sin embargo, estamos hablando de un pequeño tubo de crema de dientes que seguro costó un dólar.

Está claro que la gente que gerencia el Muse hizo esa promesa y se preguntó a sí misma «okey, ¿cómo vamos a cumplirla?». Lo que hicieron fue entrenar a su personal para que buscaran oportunidades para ser asombrosos, pues las oportunidades son las que crean una experiencia memorable.

Una vez estaba dando una conferencia en el Ritz Carlton de Naples, Florida, y pensé en poner a prueba ese hotel de cinco estrellas. Vacié a propósito todo mi tubo de crema de dientes y lo tiré a la basura porque quería ver qué sucedería. La conferencia era a la mañana siguiente.

Nada pasó.

Entonces, me paré frente a la audiencia y dije: «aquí estamos, alojándonos en este resort de cinco estrellas...». Sí, el lugar era increíble y no puedo negar que tenía un gran servicio al cliente. Pero hubo una oportunidad para que el Ritz Carlton hiciera algo maravilloso y el personal no aprovechó dicha oportunidad. Para mí, eso hizo que mi experiencia en el Muse fuera mucho más especial.

Y aquí está lo importante: *siempre querrá repetir una experiencia que se le queda grabada. Querrá recordarla. Querrá compartirla.*

Cuanto más impresionante sea su gran experiencia para la gente, mejor va a ser para usted. Y todo lo que se necesita es un tubo de crema de dientes para viajes que cuesta noventa y seis centavos en Amazon.

Hay unas pocas maneras interesantes de aplicar esta estrategia: una es encender su radar (es decir, estar listo para robar genialidad, como lo vimos en el capítulo cuatro) y estudiar cómo otras compañías han creado una experiencia de servicio al cliente memorable.

Cuando estoy hablando, a menudo le pregunto a mi audiencia: «¿cuál es la montaña rusa más usada del mundo?». Obtengo toda clase de respuestas, pero casi nunca la correcta, que es la Space Mountain de Walt Disney World.

La Space Mountain es una montaña rusa, pero está envuelta en una experiencia única y enganchadora. Disney lo ha hecho con la Splash Mountain y con la Big Thunder Railroad también. Todas son montañas rusas, pero todas están envueltas en una experiencia y una capa añadida de historia y efectos que las convierten en algo mucho mejor y en algo más enganchador que una simple atracción. Disney ha creado una experiencia que empieza con usted haciendo fila, tal como sucede con todas las grandes atracciones de los parques de Disney. La música y el ambiente van creándole anticipación y lo van sumergiendo en el mundo que Disney está creando para usted antes de que se suba a la atracción.

Crear un momento inesperado de asombro es una manera de proveer una experiencia. No es fácil, pues debe educarse usted y educar a su personal de primera línea para estar siempre atentos a lo que el cliente está experimentando y para buscar la oportunidad de hacer algo increíble.

Hace un tiempo, estaba en Charleston, Carolina del Sur, quedándome en el Courtyard Marriott del centro. Resulta que iba caminando cerca de la recepción cuando vi a una pareja hablando con el gerente. La mujer estaba llorando y secándose los ojos mientras hablaba. El esposo la abrazaba, pero noté que sonreía. Escuché que la mujer decía:

—Eso fue muy amable, muchísimas gracias. No puedo decirles cuánto significó eso para nosotros.

Fuera lo que fuera, estaba claro que la había conmovido un montón.

Cuando finalmente se alejaron de la recepción, me acerqué al gerente y dije:

—Discúlpeme por entrometerme, pero no pude evitar escuchar esa conversación.

Había estado allí unas cuantas veces, así que él me reconoció y sabía a qué me dedicaba.

—La escuché dándole las gracias una y otra vez. ¿Le molesta si le pregunto qué hizo?

Él se encogió de hombros.

—Ah, no fue nada.

—Bueno, pero significó mucho para ella. ¿Qué fue lo que hizo?

—Es su aniversario y pensé que podría hacer algo amable por ellos. Les envié una botella de champaña, dos copas y una pequeña tarjeta que decía «les agradecemos que estén pasando su aniversario con nosotros, así que esperamos que disfruten de esta botella de champaña de cortesía».

Eso fue todo. Pero cada que esa pareja vaya a Charleston, puede apostar a que se van a quedar en el Courtyard. Y le van a contar a todo el mundo sobre esa experiencia y sobre lo genial que es el Courtyard, todo porque el gerente vio una oportunidad para darles una experiencia increíble e hizo que sucediera.

Por esta razón se debe entrenar a las personas para que busquen oportunidades para crear momentos asombrosos de clase mundial y para que hagan sentir a sus clientes como estrellas de rock, como lo mencioné antes. En el siguiente capítulo, le hablaré sobre cómo puede crear estrellas de rock propias y por qué debería hacerlo.

SECCIÓN
TRES

HERRAMIENTAS Y REGLAS ORIGINALES Y ÚNICAS

CAPÍTULO 6

Creando estrellas de rock

Existe una razón por la que se nos ocurren formas de celebrar en alto a los miembros de nuestro club: incentivarlos a esforzarse para convertirse en los más especiales, esos que yo llamo mis estrellas de rock. Mis estrellas de rock son los destacados entre mis BFFs. Jamás dudan en referir, recomendar y en ser fieles. Valen su peso en oro.

¿Qué hace falta para que alguien quiera ser una de las estrellas de rock de su marca?

Para explicar esto, veamos la famosa jerarquía de necesidades de Abraham Maslow. Maslow sobrevivió a estar encarcelado como prisionero de guerra en un campo de concentración alemán durante la Segunda Guerra Mundial. Cuando salió, lo consumió la pregunta de por qué algunas personas sobrevivían a los campos y otras no. Para explicarlo, se le ocurrió este constructo denominado jerarquía de necesidades.

En esencia, es una pirámide con cinco niveles diferentes, siendo el primero y el más grande el de las necesidades más rudimentarias: su comida y cuidado básicos. El segundo nivel es la seguridad y sentirse a salvo en su entorno. El tercer nivel es el amor y el sentimiento de pertenencia (lo cual se relaciona con el concepto de los clubes). Todos caemos en eso por instinto. Los golfistas se reúnen con golfistas. Las personas que tejen se juntan con personas que tejen. Lo similar atrae a lo similar.

JERARQUÍA DE LAS NECESIDADES DE MASLOW

El cuarto nivel es la autoestima, alimentar el ego. Dos de las tres cosas más grandes que refuerzan la autoestima de una persona son, uno, sentirse *apreciada* por quién es y lo que hace y, dos, ser *reconocida* por quién es y lo que hace.

En pocas palabras, sus clientes quieren sentirse como estrellas de rock. Quieren estar *en* el escenario, no trabajando en el *backstage* o sentados en la audiencia.

Quieren ser Beyoncé. Quieren ser Los Jefes. Quieren que usted los aprecie y los reconozca.

Entonces, *¿cómo lograr que sus clientes se sientan como estrellas de rock?*

Asignándoles un tratamiento VIP, por supuesto. Y cuanto más importantes sean las personas para usted y su negocio, más especial debería ser la manera en que las trate.

Fíjese en los premios que importan en la industria del espectáculo: los Academy Awards, los Emmy, los Grammy, los Tony. Son celebraciones de excelencia por y para grupos afines: actores/actrices, artistas, cantantes, bailarines/bailarinas, músicos/músicas. Ahora, para nosotros, estas personas ya están en lo más alto de su profesión. ¿Por qué demonios significaría tanto una estatuilla para alguien con la carrera de Meryl Streep, por ejemplo?

La razón por la que estos premios importan es porque son los colegas quienes votan y eligen. El reconocimiento público, sumado al respeto de los colegas y a una manifestación física de ese respeto que puedan llevarse a casa (como un Óscar), es algo muy importante, incluso para una estrella de cine mundialmente reconocida.

Cuando Kelly, mi hija, era muy pequeña, la llevamos a Disney World por su cumpleaños y pagamos por una de esas fiestas de cumpleaños de Disney. No era un salón enorme lleno de niños, sino que estábamos solo nosotros y un par de princesas que vinieron a dar un espectáculo. Por supuesto, eran universitarias lindas que estaban representando un papel, pero para Kelly eran las reales. Cenicienta la estaba celebrando *a ella*. Le prometo que eso la hizo sentir muy, muy especial.

Y no solo unas princesas reales y en carne y hueso le estaban deseando un feliz cumpleaños, sino que Kelly pudo ponerse una tiara especial en Magic Kingdom ese día. La gente la veía y le preguntaba:

—¿En dónde conseguiste esa tiara?

—Es mi cumpleaños. Cenicienta me la regaló —contestaba ella.

Se sentía como toda una estrella de rock.

Si puede hacer que sus clientes se sientan como una niña que cumple seis años, que puede pasearse por Disney World con una tiara de princesa y que va acompañada por Cenicienta, créame que no lo olvidarán.

CONSIDERE. RECONOZCA. PREMIE. REPITA.

A las estrellas de rock les gusta estar bajo los focos. No escatime en eso.

Cada que tengo reuniones con mis clientes, me aseguro de considerar y reconocer a mis estrellas de rock por lo que han hecho por mí. Si, por ejemplo, uno de ellos me refirió a un nuevo cliente o recomendó mi negocio en una entrevista con una revista, puede que esa persona se encuentre una lujosa limosina esperándola en el aeropuerto para recogerla y llevarla al hotel en donde se llevará a cabo la reunión. Esos son gestos amables y evidentes de aprecio y son un bono extra, pues esa persona aparecerá y les preguntará inocentemente a todos los demás si llegaron allí en limosinas. La respuesta será que no, no todo el mundo llegó en limosina, pero unos pocos sí porque son mis estrellas de rock.

Aquí tiene otro ejemplo: una vez me llamó Tom Conley, quien era el director ejecutivo de lo que ahora es la International Housewares Association. Dijo: «tengo una feria importante que nuestra asociación dirige y regenta. Es una de las diez ferias más importantes de los Estados Unidos. Contamos con dos mil compañías expositoras, doscientas más en lista de espera y asisten dieciséis mil personas. Todo parece funcionar bien, pero estoy nervioso y no sé por qué. ¿Puedo contratarlo para que venga, analice la feria y me diga si estoy perdiendo la cabeza o algo así?».

Fui e hice el análisis. Resulta que sí encontramos algunas fallas, unas fallas casi invisibles que, si no se hubieran reparado, podrían haber acabado con toda la feria. Hicimos algunos cambios importantes. Unos meses después de que se regara la voz sobre lo que habíamos hecho, la *Association Management Magazine*, que era la revista más importante de negocios en el mundo de las asociaciones, me contactó y me pidió que les diera una entrevista al respecto.

Lo pensé y dije que no. Le sugerí a la revista que entrevistaran a Tom Conley, pero añadí que estaría dispuesto a escribirles algún comentario para la pieza. Los editores de la revista amaron la idea, y la historia y la entrevista de Tom terminaron siendo la portada. Eso fue genial para Tom. Allí estaba, obteniendo un reconocimiento tremendo del mundo de las asociaciones y, por supuesto, en su entrevista, habló de mí.

Pero *él* era la estrella de rock. Y eso era lo que yo quería.

Jamás deje pasar una oportunidad para que el foco ilumine a sus estrellas de rock.

Yo hago videos cortos semanales que les envío a mis BFFs (no son mis seguidores, no son mis amigos, no son mi familia, son mis mejores amigos para siempre). Si una persona comparte una de mis publicaciones en LinkedIn o en otra red, la menciono en un video: «Quiero reconocer a Jenny porque compartió un artículo que escribí. Quería decirle cuánto la aprecio y que muchas gracias por hacerlo». Así la convierto en una estrella de rock.

Eso mejora la experiencia que la gente tiene con usted. No se trata únicamente de una cesta de regalos o de una nota de agradecimiento. Se trata de un reconocimiento público y de apreciar con sinceridad lo que están haciendo por usted. Eso los hace brillar.

A veces usted tiene que crear esas oportunidades y a veces esas oportunidades son una serendipia. Yo no podría haber predicho o creado la oportunidad de que mi cliente estuviera en la portada de una revista y que mencionara mi contribución. En ocasiones puede crear esos momentos, así que esté abierto y listo para reconocer creativamente a sus estrellas de rock. Pero también debe mantener su radar activo para notar oportunidades inesperadas como esa.

Tengo un buen amigo que habla sobre el servicio al cliente, Shep Hyken, autor del libro superventas *Amaze Every Customer Every Time*. Resulta que Shep también es un mago de clase mundial. Mi hija lo conoció desde que era niña y lo llama Sr. Magia. Cuando él viene a la ciudad, intentamos cenar juntos y Kelly siempre quiere que le haga un espectáculo de magia. Una vez, cuando estábamos terminando de cenar, se puso de pie en medio del restaurante y empezó a hacer sus trucos. Cuando iba a la mitad de su pequeño espectáculo, todo el restaurante le estaba prestando atención y estaban disfrutando de aquello. Él incluía a Kelly en el acto y eso le encantaba.

Más adelante, cuando estaba planeando una serie de webinarios de mercadeo para un cliente, dije: «me gustaría hacerle una entrevista a un amigo mío que es un experto en servicio al cliente. Creo que sería una gran oportunidad para que sus clientes aprendieran más sobre eso». Se entusiasmaron mucho, así que convencí a Shep y le hice la entrevista. Compartió un contenido increíble con la audiencia y yo pude promover sus conferencias y libros durante la entrevista. Como era yo el que lo promocionaba, no pareció forzado. Esa fue mi oportunidad para tratarlo como una estrella de rock y me aseguré de que siempre estuviera en el centro del escenario (por supuesto, ¡él va a hacer lo mismo conmigo y con este libro!).

Una vez que acepte la idea de que este tipo de oportunidades están allí afuera, las verá aparecer en todas partes. *Úselas*. Cree un enganche, unas esposas de oro. Haga que quieran trabajar con usted porque aprecian cómo los hace sentir, como mi pequeñita en Disney World con una tiara de princesa y teniendo una fiesta de cumpleaños con Cenicienta, su mejor amiga para siempre.

Sus estrellas de rock también pueden ser parte de su club, pero la forma de tratarlas debe ir mucho más allá de lo que se esperaría normalmente como un beneficio de una membresía. Tiene que ponerlos muy por encima de sus pares y demostrarles aprecio y reconocimiento.

¿Quiere más ejemplos? Food Network es un ejemplo perfecto de crear estrellas de rock. Es decir, ¿quién había escuchado hablar de Rachel Ray antes de que Food Network convirtiera a Rachel Ray en una estrella de rock?

Bass Pro Shops crea a sus propias estrellas de rock, pescadores expertos que aparecen en la página web de Bass Pro y a quienes invitan a sus eventos especiales para que hagan demostraciones.

Fiskars, la compañía que hace esas tijeras con mangos naranjas, tiene un club llamado Fiskateers (¿de dónde sacó esa compañía la idea de ese nombre?). Fiskars lo inauguró porque se dio cuenta de que muchas mujeres usaban sus tijeras para hacer manualidades y para tejer. Además, las estaban usando en grupos, pequeñas comunidades de personas creativas que se reunían para hacer cosas con periodicidad. Entonces, si se une a Fiskateers, obtiene un par de tijeras especial. En vez de tener el típico mango naranja, una de las partes es verde y la otra es naranja. Eso distingue a los usuarios cuando se reúnen a hacer manualidades con sus amigos. Cuando un miembro del club llega y saca esas tijeras, todo el mundo dice «¡ah! ¡Es parte de Fiskateer!».

La compañía les ofrece a estos miembros especiales del club la oportunidad de estar en el consejo oficial, un pequeño grupo de personas que son embajadoras de las tijeras y de los productos de Fiskar durante un año. A estas mujeres las destacan en la página web de Fiskateer. A las mujeres que son embajadoras las envían en viajes por todo el país como representantes. Ahora, tenga en cuenta que son gente normal, no chefs reconocidas o cazadoras. Resulta que aman las manualidades y las escogieron como representantes ese año, así que son estrellas de rock.

Eso es todo lo que necesita.

Varios de mis clientes de asociaciones comerciales han creado estrellas de rock en ferias y eventos de la industria. Hace muchos años, empezamos a escoger personas de la industria de la manufactura, personas que tuvieran pequeñas fábricas en los pueblos pequeños y rurales de Estados Unidos. Les pedíamos comentarios sobre cómo iban al International Manufacturing Technology Show, qué sacaban de ello y cómo les ayudaba eso a sus fábricas. Luego reproducíamos esos comentarios en internet, en revistas y en publicidades para que cuando esas personas fueran a la feria, vieran pancartas y publicidades enormes con sus fotos y frases por todas partes. Por ejemplo, una valla mostraba a «Bob y Bill de Columbus, Indiana» y luego los dos entraban caminando a la feria. La gente los reconocía y les pedía fotos. Para usted y para mí, son fabricantes normales y corrientes, pero para el mundo de la manufactura son estrellas de rock.

¿Y sabe qué más?

Esos tipos irán al International Manufacturing Technology Show durante el resto de sus vidas.

La HGTV está convirtiendo en estrellas de rock a gente que solo hacía remodelaciones locales o que eran obreros o diseñadores. Cuando la gente de HGTV escucha sobre un profesional de ese campo (que tiene una gran personalidad o que tiene una creatividad especial para lo que hace), van, hacen un programa sobre esa persona y transmiten su trabajo. De repente, esas personas que antes eran desconocidas tienen un grupo de fans y de espectadores que quiere ver más de ellas. Son estrellas de rock.

Es obvio que la industria de la música tiene sus estrellas de rock, tal como la industria del cine y de los deportes profesionales. Pero eso no quiere decir que no pueda tener estrellas de rock en su mundo, da igual cuán grande o pequeño sea. De hecho, solía dar un discurso titulado *Cómo ser un pez grande en un estanque pequeño pero rico*, el cual estaba pensado para que las personas se transformaran a sí mismas en estrellas de rock. Pero lo mejor, en mi opinión, es ser quien *crea* estrellas de rock. Si puedo ayudarle a la gente a ser más exitosa, si puedo ayudarla a que sea más reconocida, a que la aprecien mejor... bueno, sabrán cómo sucedió y recordarán quién las ayudó a lograrlo.

¿Qué hace cuando crea estrellas de rock? Crea personas que, básicamente, tienen su ancla o desencadenante instalado en ellas.

Súmele eso a las anclas y a los desencadenantes tangibles de los que le he hablado en capítulos anteriores, pues eso es lo que hace que esta estrategia (la creación de un enganche original y único) sea tan poderosa. Cuantos más de estos pasos sea capaz de incorporar en su negocio, más poderosas serán las conexiones y más poderoso será el enganche que sientan sus clientes por usted. Ha creado a sus propios mejores amigos para siempre, a sus fans para toda la vida, a sus embajadores.

La clave es hacer que la gente se sienta valiosa y valorada. No les está pidiendo que reconozcan su excelencia, sino que *usted está reconociendo la de ellos* y los está ayudando a subirse al escenario y brillar bajo los focos.

Nadie se olvida de ese sentimiento.

Jamás se irán. Se lo garantizo, jamás se irán.

CAPÍTULO 7

Referencias revolucionarias

¿Qué obtiene a cambio por parte de sus BFFs cuando crea un club de chicos *cool* para ellos? Lo más importante de todo: obtiene *referencias, recomendaciones o referidos*.

Cuando estaba en la Universidad de Arizona en Tucson, parte de lo que hacía para pagar mis facturas era trabajar como DJ en una estación local y pequeña de radio, KIKX Radio. Era solo una estación de top 40 y de rock, nada muy grande.

Un día, el gerente de la estación nos llamó a los DJ para una reunión. «Van a empezar a vender publicidad en sus franjas horarias». Nos dejó claro que si no lo hacíamos, probablemente no seguiríamos trabajando como los DJ de allí.

Ninguno de nosotros estaba en una posición como para decir que no (no había estrellas de rock en nuestras filas), pero la mayoría no teníamos ninguna experiencia de ventas, incluyéndome. Pensé: *vaya, ¿cómo me voy a convertir en vendedor?*

Fui a una librería y compré varios libros sobre cómo vender. Uno de los elementos clave para vender con éxito, de acuerdo con esos libros, era la persistencia pura y dura. Cuanto más persistente fuera, más exitoso sería. Aunque no me encantaba la idea de hacer llamadas en frío, no quería dejar de recibir mi sueldo. Entonces empecé a tocar puertas.

Les presentaba mi idea y las personas me decían que no. Volvía una semana después y *seguían* diciendo que no. Yo persistía y persistía. Había un pobre tipo que era dueño de una tienda de mascotas. Lo aburrí con mis interminables visitas y llamadas de ventas hasta el punto de que se rindió y dijo: «okey, muy bien. Le compraré publicidad. Le compraré publicidad».

Por suerte para él, éramos una estación pequeña y nuestras tarifas de publicidad eran baratas. Una publicidad de treinta segundos durante mi franja horaria costaba unos 10 dólares, así que, por 200, sería prácticamente dueño de todo mi tiempo. Como dije, le insistí al pobre hombre hasta el cansancio, así que firmó el contrato.

Otra cosa que leí en todos esos libros de ventas era sobre el poder de las referencias y cómo obtenerlas me ayudaría a aumentar mis ventas. Todos los libros ofrecían el mismo consejo sobre cómo conseguirlas: «el mejor momento para pedir una referencia es después de que haga la primera venta». Entonces, justo cuando este hombre estaba firmando el contrato de publicidad, le regalé una gran sonrisa y le dije:

—Bueno, ¿y tiene algunos amigos a los que pueda recomendarle mis servicios?

Se echó hacia atrás en la silla, me miró y se rio muy fuerte.

—Pero, Steve, ¡son *mis* amigos!

Tan pronto como me dijo eso, pensé: *uf, esta no es la manera correcta de hacerlo*. Tenía que existir una mejor.

A medida que pasaron los años y me fui interesando más por las ventas y el mercadeo, seguí leyendo libros y artículos sobre cómo vender. Hace poco, estaba leyendo un artículo en el que un instructor destacado de ventas, que tiene libros sobre el tema (y a quien no nombraré), dijo: «aquí le dejo mi plan para conseguir referencias».

Presentó seis pasos para conseguir más referidos. Los cito aquí:

1. Haga una lista con los nombres de sus diez mejores clientes.

2. Contacte a cada persona de la lista y pídale que les recomiende su compañía a sus amigos, familia, etc.

3. Ofrézcales incentivos a los clientes que le consigan referidos.

4. Pídales a otros dueños de negocios y profesionales que lo recomienden a usted ante sus clientes.

5. Ofrézcales descuentos especiales y otros incentivos a los negocios que le envíen referidos.

6. Use las fiestas y las fechas especiales como un momento para ofrecer incentivos especiales por conseguirle referidos.

Eso suena similar a muchos otros programas y pasos para conseguir referencias que he visto a lo largo de los años. ¿Voy a seguir estos pasos? ¡No hay ni la más mínima posibilidad de que lo haga!

¿Por qué no? ¿Quiere saberlo?

Hace un par de años, les hice una encuesta a mis BFFs y les pregunté qué porcentaje de sus negocios se debía a las referencias o a los referidos. Obtuve unas cuantas miles de respuestas a esa pregunta y descubrí que, en promedio, un 45,15% de los negocios de quienes participaron en la encuesta se debían a los referidos. ¡Vaya! ¡Casi la mitad!

Pero la siguiente pregunta era: «¿tiene una estrategia formal para obtener referidos?». Y un 73,2% de los participantes en la encuesta dijeron que no. Entonces les pregunté: «okey, ¿por qué no tienen una estrategia de referidos?». Y la respuesta número uno fue: «porque pedir referencias y referidos es muy incómodo».

¿Por qué no quiero seguir los seis pasos que mencioné antes?

Porque me incomoda pedir ese favor y mi cliente se siente incómodo cuando lo hago.

Mis BFFs dijeron que el 45% de sus negocios se daban gracias a los referidos. En mi caso, el 80% de mi negocio se debe a los referidos, así que, claramente, los referidos son críticos para la salud de mi empresa. Debe tener un sistema establecido para cualquier cosa que represente una porción tan grande de su negocio. Pero ¿cuál es la mejor manera de ponerlo en práctica?

Mientras consideraba la respuesta, pensé en diferentes ideas. Me pregunté cómo crear un enganche original y único en mis clientes y cómo crear un sistema de mercadeo de referidos que no me incomodara a mí ni a las personas a las que intentaba pedirles referidos.

Un día, hace unos años, la respuesta se me presentó de frente: ¡era la misma estrategia! ¡Podía usar la estrategia original y única para crear una estrategia de referidos! Tan pronto como tuve esa epifanía, todo me quedó claro.

Permítame explicárselo.

El propósito de un negocio es crear y mantener relaciones a largo plazo con los clientes. Entonces, creamos una relación con un cliente que queremos que se quede con nosotros.

¿Verdad?

También creo que el propósito del mercadeo es hacer que su compañía, producto o servicio esté en la mente del cliente potencial cuando esa persona esté lista para comprar. La venta más dura que puede lograr es la que hace un cliente potencial que usted cree que necesita su producto cuando *él* no cree que lo necesita. Todos hemos vivido el tener que lidiar con una persona molesta que sigue intentando vendernos algo cuando no tenemos ningún interés en lo que vende.

Da igual lo que esa persona nos diga, *jamás vamos a comprarle el producto*.

Esa es la venta más difícil. La venta más fácil es cuando el cliente potencial está de acuerdo con que necesita su producto o servicio.

Si identifica a personas que encajen con el perfil de su mercado objetivo y se mantiene en contacto con ellas de un modo regular, usando algunas de las herramientas de las que hemos hablado, entonces, cuando caigan rayos y se les ilumine la mente, dirán: «wow, necesito esto… oh, ¿a quién debería…? Ah, claro, ¡a Steve Miller!». ¿Verdad? *Porque estará en la mente de los clientes potenciales cuando estén listos para comprar*.

Se preguntará cómo se relaciona esto con el mercadeo de referidos. Se debe entender la distinción de que el mercadeo de referidos no es lo mismo que el mercadeo del boca a boca. El mercadeo del boca a boca es una recomendación proactiva sin que exista una necesidad reconocida. Un ejemplo puede ser que yo vaya a un restaurante por primera vez y el restaurante me sorprenda. Me meto a Facebook al día siguiente y le digo a todo el mundo: «fuimos a este restaurante. Fue genial. Si están leyendo esto, ¡deberían ir a ese restaurante!». En ese caso, le estoy dando una recomendación proactiva a todo el mundo, ya sea que estén interesados o no. Eso es el boca a boca. Solo estoy gritando esa información para quien quiera escucharla.

El mercadeo de referidos es una recomendación proactiva cuando se ha identificado una necesidad. La idea es que si el propósito del mercadeo es estar en la mente del cliente potencial cuando esté listo para comprar, el propósito del mercadeo de referidos es estar en la mente de un cliente *actual* cuando alguien más que conozca esté listo para comprar.

Por ejemplo, usted puede decirme:

—Me gustaría llevar a mi familia a comer a un buen restaurante este fin de semana, pero de verdad querría probar uno nuevo.

Entonces, yo le contestaría:

—Oh, pues Kay y yo fuimos a este restaurante y fue genial.

Usted reconoció la necesidad de encontrar un restaurante nuevo y yo le recomendé un restaurante increíble. Esa es una referencia. Una referencia, o referido, es hacer mercadeo a través de un cliente.

Para que eso funcione, deben estar sucediendo tres cosas. Primero, *sus clientes deben querer referirlo a usted*. Les ha entregado algo muy especial y memorable, así que se ha ganado su lealtad.

Lo segundo es que *deben recordarlo a usted en el momento preciso*. Como en el ejemplo, cuando usted y yo estamos hablando y me dijo que querría probar un restaurante nuevo. Si yo no recordara el restaurante que visité, tan solo asentiría con la cabeza. Debe usar las herramientas que he mencionado a lo largo del libro para hacer que sus clientes lo recuerden, para mantener su producto o servicio en sus mentes.

La tercera cosa es que usted también debe *darles a ellos* sus propias herramientas, las cuales, a su vez, ellos puedan darles a los clientes potenciales. Cuando las personas han tenido una gran experiencia con una compañía o un individuo, siempre estarán dispuestas a dar una recomendación. Primero, se sienten felices por promocionar a esa persona o compañía como agradecimiento por un trabajo bien hecho. Segundo, una referencia es una manera sutil de presumir, de decir «Mire, encontré a este tipo genial que da conferencias sobre cómo ser único en el mercado y creo que debería contactarlo. De verdad nos ayudó muchísimo». No solo están ayudando a un amigo, sino que se están felicitando un poco por haber descubierto esa gran solución. Nosotros solo tenemos que hacérselos tan fácil como sea posible.

¿Cómo? Dándoles herramientas. Aquí le dejo cinco *herramientas originales y únicas para obtener referidos* que he descubierto que son las más efectivas.

1. Ayude al cliente de su cliente a tener éxito

Si ayuda al cliente de su cliente a tener éxito, su cliente se sentirá genial. Por ejemplo, a menudo les pregunto a mis clientes: «¿alguna vez ofrecen webinarios para sus clientes?». Con mucha frecuencia, dicen que sí. Entonces inquiero: «¿son sobre sus productos?». Y la respuesta es «claro, todo es sobre la empresa».

Pero no todo tiene que ser sobre usted o sobre la empresa. ¿Alguna vez ha pensado en hacer un webinario que ayude a sus clientes? ¿Un webinario de ventas, por ejemplo, de mercadeo o de manejo del tiempo? Quizás los clientes de sus clientes tengan problemas gestionando el tiempo. Si puede ayudarlos a ayudar a sus clientes, estarán agradecidos, ¿no? Puede decirles a sus clientes: «he preparado una entrevista con un experto en manejo del tiempo y me gustaría compartirla con *sus* clientes».

¿Su cliente ya organiza webinarios? Si usted es un experto en un área de interés para los clientes de ellos, puede dar una charla en un webinario. Eso los ayuda a ellos y a usted. Tenerlo a usted en su webinario es, de hecho, una recomendación explícita: «lo trajimos para que les hablara, así que queda claro que sabe lo que dice y yo mismo lo he contratado».

La mayoría de mis clientes hacen webinarios o videos que usualmente producen dentro de la misma empresa y son bastante aburridos. Esto es lo que les sugiero: «mire, ¿qué le parece si le hago una entrevista sobre su negocio? Así podrá usar el video como una presentación para sus nuevos clientes potenciales». Como soy profesional y sé lo que estoy haciendo, podemos prepararnos desde antes y acordar las preguntas. Puedo presentar al cliente y luego hablamos. Durante el curso de la conversación, tenemos una pequeña discusión sobre cómo trabajamos juntos y por qué yo soy su asesor de mercadeo. Y... *voilà!* Esa es otra recomendación avalada.

2. Deles artículos o boletines informativos a sus clientes

Puede darles contenido útil, informativo y único a sus clientes, el cual ellos, a su vez, pueden compartir con sus clientes. Los boletines informativos que se envían por correo electrónico están bien, pero yo prefiero los físicos. Además de hablar cara a cara, el correo físico directo es, quizás, la herramienta de mercadeo más poderosa que se puede usar. Envíeles copias extra del boletín y sugiérales que las repartan entre la gente que conozcan o con sus clientes.

Uno de mis clientes empezó con un boletín hace dos años y recientemente me dijo que no tenía idea de que un boletín pudiera ser tan poderoso.

Boletín informativo Omni~View™

Volumen 2, número 9 — Octubre, 2016

OV2016 — Progreso continuo en la construcción de nuestra plataforma nueva

Me sorprende cuánto progreso hemos hecho en un mes (desde nuestro último boletín) en cuanto a añadir nuevas características y funcionalidades a OV2016. En algunos casos, basándonos en retroalimentación de clientes, hemos recreado, en el nuevo *software*, características populares sin las que los usuarios no podían vivir. En otros, hemos añadido ideas completamente nuevas al producto, reforzando lo que ofrecemos. Aunque parece no existir un límite para las mejoras continuas, quiero aprovechar esta oportunidad para hablar sobre algunas características geniales, nuevas y emocionantes que hemos añadido desde el último boletín.

Panel de inventario y explorador de pedidos – Tareas

Inventario	Pedidos
Unidad	**Pedidos**
Editar	Editar
Nuevo	Nuevo pedido de alquiler
Borrar	Nuevo pedido de venta
Asignar otro número	Nuevo pedido de servicios
Adjuntos	Borrar
Pedidos	Adjuntos
Editar pedido actual	
Nuevo pedido de alquiler	**Tareas**
Nuevo pedido de venta	Asignar unidad
Nuevo pedido de servicios	Inspeccionar unidad
Historial de pedidos	Generar reubicación
	Generar recogida
Tareas	Crear pedido sustituto
Generar reubicación	
Generar recogida	**Facturación**
	Capturar
Facturación	Historial de facturación
Capturar	Factura proforma
Historial de facturas	Lista de facturas
Reportes	**Cliente**
Hoja de datos	Editar
Utilización	
Actividad	**Reportes**
Traslado de carga	Imprimir pedido
Uso de conductores	

Hemos introducido la idea de paneles de exploración en OV2016. Estos paneles crean una manera fácil de navegar el *software* y proveen títulos clave para que puedan ver en qué punto del programa se encuentran.

Si observa el título del panel de exploración de la izquierda, le queda claro que está en el módulo de inventario. El título del panel de exploración de la derecha le deja claro que está en el módulo de pedidos.

Hay grupos de enlaces en cada panel de exploración. Los enlaces de esos grupos son específicos para el módulo OV en el que está trabajando.

Cada panel tiene un grupo denominado «Tareas».

Quiero señalar dos enlaces nuevos en el grupo de «Tareas» de «Inventario» y de «Pedidos»: «Generar reubicación» y «Generar recogida».

En «Inventario», si ha seleccionado una unidad con un estatus de unidad LSE (alquilado), puede reubicar y recoger fácilmente esa unidad.

Vea «Generar reubicación» y «Generar recogida».

Estos enlaces también están disponibles en el menú de la derecha. En todo caso, los enlaces aparecen en gris si las unidades están AVL (disponibles), INA (inactivas) u OOS (fuera de servicio) en «Inventario» o CAN (canceladas) o CLS (cerradas) en «Pedidos».

Estos son ejemplos magníficos de características de *softwares* reconocidos que han sido recreadas en la nueva plataforma por pedido y demanda popular. Gracias. Sigan enviándonos sus recomendaciones.

3. Los eventos en vivo crean grandes oportunidades de recomendación

Puede ser un evento que organice usted mismo (un día para agradecerles a sus clientes, un día de demostraciones, un día de puertas abiertas) o puede participar en un evento más grande. En cualquier caso, debe hacer que su evento sea original y único, memorable e inusual.

Por ejemplo, una compañía con la que estaba trabajando me invitó a hablar en una reunión que organizaron con sus mejores veinticinco clientes. Durante dos días, hablé sobre mercadeo por dos horas cada mañana y les di mucha información importante, la cual le dio una legitimidad efectiva a la experiencia de aprendizaje de esas personas. Pero es lo que hice *después* lo que hizo que la experiencia fuera original y única.

Luego de que hablé esa primera mañana, la compañía se llevó a sus invitados especiales a jugar golf. Fue un buen detalle y todo el mundo lo disfrutó, pero no fue único. No obstante, el segundo día se llevaron a las personas a disfrutar de la Experiencia de Manejo Richard Petty en una de las pistas de NASCAR. Todo el mundo se puso los trajes resistentes al fuego y manejó esas máquinas de carreras de NASCAR con seiscientos caballos de potencia. No solo lograron tener una experiencia llena de adrenalina e inolvidable, sino que también se tomaron fotos con los carros y luego se imprimieron esas fotos como recuerdos. Es *obvio* que la gente va a llegar a casa y va a hablar de eso. Y sus colegas y amigos les van a preguntar:

—Vaya, ¿por qué los llevaron allí?

—Ah, pues soy cliente. Y ellos tratan muy bien a sus clientes.

Aún tengo esa foto en mi repisa y quienes me visitan me preguntan a menudo por ella.

Si está en una feria, puede crear su propio evento dentro del evento. Haga que su *stand* sea un evento en sí mismo. Invite a la gente para que vaya y se tome una foto con el director ejecutivo o con alguna celebridad (¡se sorprendería de cuán baratas son algunas celebridades reconocidas para ese tipo de eventos!). Haga que sus visitantes se devuelvan a casa con esa foto como recuerdo. Una de las cosas que he aprendido es que la gente *ama* que le tomen una foto con alguien más. Incluso hoy, con nuestros teléfonos digitales, las personas siguen amando que les tomen fotos para poner en las paredes o en las repisas.

Aprendí eso de la forma más dura. Hace muchos años, mi último trabajo real fue en una compañía japonesa, mucho antes de que llegara lo digital. Mi jefe y yo viajábamos alrededor del mundo, visitando a nuestros distribuidores y agentes. A donde quiera que fuéramos, él me pedía que le tomara una foto con los clientes. Yo pensaba que aquello era estúpido. Cuando volvíamos, hacía que revelaran las fotos, las enmarcaba y se las enviaba a todo el mundo. La siguiente vez que salí de viaje y visité a los clientes solo, *casi todos ellos* tenían esa foto en la pared o en alguna repisa. Vaya, ¡sí que me equivocaba!

Incluso en el presente digital, cuando voy a la oficina de alguien, casi siempre tiene fotos allí. La mayoría del tiempo son de su familia, pero no siempre. Veo fotos de ellos en un evento y, sin que falle, pregunto: «¿quién es esa otra persona?». Y la respuesta siempre es algo como: «ah, ¡ese es Steve! Es mi proveedor de...». Y así es como empieza una conversación en la que pueden recomendarlo.

Los eventos de caridad son un gran recurso para obtener referidos y recomendaciones mientras hace algo bueno. Tengo un buen amigo, Jeff, que es un desarrollador de bienes raíces. Jeff se mantiene activo con varias caridades locales, pero está bastante involucrado con la organización Big Brothers/Big Sisters. Está en la junta directiva y es el principal patrocinador del torneo anual de golf de la organización. Debo aclarar que apoya genuinamente la causa al 100%. Pero no es estúpido. También es un hombre de negocios, así que sabe que en esos eventos no solo lo presentará el jefe de la organización ante otras personas del evento, sino que, cuando llegue el momento del discurso para agradecer a los grandes donantes, mencionarán su nombre en medio de muchos aplausos.

Usted puede aprovecharse de estas clases de eventos en persona de muchos modos, para crear referidos directos o indirectos, siempre y cuando sea original y único. Únicamente puede haber un máximo patrocinador del torneo de golf de Big Brothers/Big Sisters y mi amigo Jeff es esa persona. Si yo tengo una cabina de fotos en mi *stand* y alguien más intenta hacer lo mismo, me están copiando y todo el mundo lo va a saber.

4. Deshágase de sus tarjetas profesionales aburridas y diseñe unas originales y únicas

Cuando le hablo a la gente de negocios sobre ser original y único y les explico que el objetivo es diferenciarse de la competencia, casi todos me dicen: «bueno, pero es que *somos* diferentes de la competencia». Y yo les respondo: «¿de verdad? ¿Son diferentes? Muéstrenme sus tarjetas profesionales».

Luego sacan sus tarjetas y el 99% del tiempo se ven iguales a las de todos los demás.

¿Puedo contarle un secreto? Amigo mío, su tarjeta es su herramienta *número uno* de mercadeo personal, la única cosa física que les va a entregar a todos sus clientes potenciales. Si no está frente a frente con ellos, esa tarjeta lo representará más que cualquier otra cosa. Y si dice que es diferente, pero entrega una tarjeta profesional que se ve como la de todos los demás, acaba de negar lo que dijo. Tiene que respaldar sus palabras.

Por ejemplo, detrás de mi tarjeta profesional se ven dos caricaturas dibujadas. Una dice «¿me está desvistiendo en su mente?» y la otra le responde «no, me estoy promocionando mentalmente». Del otro lado, la tarjeta dice «Steve Miller. Papá de Kelly, pistolero del mercadeo». Es original y única, así que la gente lo nota. Cuando voy a una convención en la que ya he hablado antes, alguien siempre se me acerca, acompañado por una persona más, y dice: «este es el tipo de la tarjeta profesional que le mostré».

Cuando eso sucede, siempre entrego un par de tarjetas extra y digo: «me alegra que le guste. Aquí tiene. Muéstresela a sus amigos». No les estoy pidiendo que me refieran explícitamente. Les estoy dando algo divertido y que vale la pena compartir. Compartirán mi tarjeta profesional porque no es normal… es original y única.

5. Escriba un libro

Además de mis tarjetas profesionales, el mejor ejemplo que puedo dar de una gran herramienta para conseguir referidos es un libro que he escrito yo mismo. Un libro da credibilidad, autoridad y confianza. ¡Tiene mucho poder invisible!

Usted está leyendo mi libro ahora mismo. Le prometo que mi objetivo sincero es darle una nueva perspectiva sobre el mercadeo, así como un conjunto de herramientas que pueda usar para diferenciar a su compañía de la competencia.

Y yo estoy en el mundo de los negocios, tal como usted. Entonces, cuando tenga un problema de mercadeo, de marca o necesite un conferencista para su próximo evento, ¡espero que este libro lo haga pensar en mí!

Un libro es una herramienta de mercadeo asombrosa. También es una herramienta de mercadeo de referidos impresionante. Cuando salió mi primer libro, hace veintisiete años, les envié copias autografiadas de mi libro a mis clientes. Si usted era uno de mis clientes, le enviaba *tres* copias autografiadas. La primera se la dedicaba con su nombre y las otras dos solo tenían mi firma. Incluía una nota aparte que decía: «aquí tiene, como regalo, dos copias extra firmadas. Si se encuentra con alguien o está hablando con alguien a quien cree que lo ayudará este libro, regálele un ejemplar». Por supuesto, mi tarjeta profesional única iba dentro de cada libro.

¿Eso funciona? A la perfección. Si tiene a alguien en su oficina que esté diciendo «vaya, de verdad desearía poder encontrar alguna clase de sistema que me ayudara a diferenciarme de la competencia», usted dirá de inmediato «¿sabe qué? Steve Miller, un tipo con el que trabajo, podría ayudarlo. Tiene un gran sistema que he estado usando y escribió un libro maravilloso al respecto. De hecho, tengo una copia extra. Se la traeré».

Esa es una recomendación respaldada. *Y no cuesta nada.* Yo ni siquiera estaré en el lugar en donde suceda esa conversación.

CAPÍTULO 8

Las reglas

Antes de empezar este capítulo, quiero recalcar algo importante. No soy uno de esos consultores o conferencistas que dice «mi método es el único que sirve para hacer esto».

Mi filosofía es que existen muchos caminos para llegar a la cima de la montaña. Lo que he compartido con usted es el camino que nos ha funcionado a mí y a mis clientes. Creo que también le funcionará a usted.

Dicho eso, compartiré con usted siete reglas que creo que son críticas a la hora de emprender la misión de ser original y único. Estas siete reglas establecerán una posición original y única y harán que la gente sienta un enganche original y único por su marca. Tiene que entender y seguir estas reglas tan al pie de la letra como le sea posible. De hecho, me atrevería a decir que algunas de estas reglas son absolutas e inmutables, así que ni siquiera deberían ponerse en tela de juicio. Hay un par de reglas que son un poco más flexibles, pero si de verdad quiere generar un enganche original y único, entonces, cuanto más al pie de la letra las siga, mejor. Recuerde que ser original y único se trata de romper los moldes, no de modificarlos un poco o pintarlos de un color diferente.

1. Fíjese en lo que está haciendo todo el mundo y no lo haga

Siéntese ahora con una hoja de papel y un lápiz. Dibuje una línea que divida la hoja en dos. A la izquierda, escriba todas las razones por las que cree que alguien debería hacer negocios con usted. A la derecha, escriba todas las razones por las que sus competidores le dirían a la gente que deberían hacer negocios con *ellos*.

Muy bien, ahora devuélvase y léalo todo. Si ha escrito lo mismo en ambas columnas, en cualquier punto, tache esas razones.

Ahora busque cosas de su lado que *no* estén en la columna de sus competidores. Esas son las áreas en las que va a enfocarse porque *son únicas*.

Lo peor que puede hacer es seguir a los seguidores todo el tiempo. Sí, hay ciertas cosas que tiene que hacer para mantener el nivel de competitividad, pero es mejor si se va a la izquierda cuando ellos se vayan a la derecha. Si alguien dice que el verde es el nuevo color de moda, de manera que todo tenga que ser verde, su instinto debe decirle que haga un cambio y diga que todo va a ser naranja... porque no va a hacer lo que *ellos* le digan que haga.

2. Siempre habrá un siguiente paso

Esto nos devuelve al diamante del mercadeo del capítulo dos, pero esta regla quiere decir que lo que sea que esté haciendo debe estar diseñado para animar proactivamente a su mercado a que dé el siguiente paso.

Cuando piensa en su marca (la experiencia, las herramientas o el robo de genialidad), no está usando esas cosas para crear consciencia, pues no se puede cobrar un cheque de consciencia.

Es algo similar a la regla que siguen los médicos: es ilegal recetar algo antes de llegar a un diagnóstico. La consciencia sin persuasión también es una mala práctica. La idea de la persuasión es reconocer que, sin importar qué esté haciendo, siempre hay un siguiente paso en su proceso, un siguiente paso que debe darse. Por eso siempre hay un componente de persuasión. A esto lo llamo yo el *mercadeo del siguiente nivel*. Permítame compartirle un par de ejemplos para que entienda a qué me refiero con *mercadeo del siguiente nivel*.

- Digamos que su compañía tendrá un *stand* en una gran feria corporativa de su industria el próximo mes. Sabe que lo inteligente sería crear una campaña de comunicación antes de la feria para promocionar su *stand*. Entonces, ¿cuál es el *siguiente* paso? No es promover lo geniales que son sus productos y su compañía, sino hacer que la gente se *detenga* en su *stand*. Nada sucederá a menos que un alce especializado se pare allí.

- Otro ejemplo es el correo directo. Si envía un correo masivo a un grupo grande de clientes potenciales, ¿cuál es el *siguiente* paso? Hacer que *abran* el correo. Si no abren el correo, jamás verán el mensaje de venta que ha incluido allí.

Fíjese siempre en cuál será el siguiente paso y piense en cómo puede usar sus herramientas para hacer que la gente dé ese siguiente paso.

3. Es mucho mejor ser un pez grande en un estanque rico pero pequeño que ser un pez pequeño en un gran estanque

Está claro que esto no se trata de física nuclear, pero la idea es que si puede ser original y único en un estanque rico pero pequeño, será mucho más fácil para usted proteger ese territorio. Y es mucho más fácil hacer que sus clientes o clientes potenciales se unan a su club. Si tiene unos cuantos miles de clientes potenciales, es mucho menos retador diferenciarse de la competencia que si intenta competir con compañías en un mercado que tiene millones de clientes potenciales. Por eso animo a mis clientes a que se conviertan en el pez grande.

4. Nada de «dejarlo configurado y olvidarse de eso»

A lo que me refiero con eso es a que, literalmente, *a diario*, debe buscar nuevas maneras de comunicar cómo es que es original y único. Tiene que buscar una estrategia innovadora que les dé anclas y desencadenantes a la gente todos los días.

Nada se mantiene fresco y sorprendente para siempre sin importar cuán revolucionario fue aquello al momento de crearse. Las personas y las compañías se olvidan de eso y pierden dinero. Piense en la típica página web de una empresa: una compañía puede invertir una cantidad de dinero creando y desarrollando su web, pero luego no la actualiza en los siguientes cinco años. Claro, todo se veía innovador y atractivo cuando recién se creó, pero después de un par de años ya ha pasado de moda.

La misma regla se aplica en el mundo de lo original y único. Lo que es original y único hoy no será original y único en dos o tres años, así que siempre debe buscar la manera de reinventarse. *Nada*, sin importar cuán actualizado o brillante sea, va a ser original y único para siempre.

5. Usted no es una empresa haciendo negocios con otras empresas. Usted siempre es un humano haciendo negocios con otros humanos

Aunque la mayoría de mis clientes están en el mundo B2B, me he dado cuenta de que, incluso en el mundo B2C, las empresas tienden a pensar en ellas mismas como empresas. Pero sus clientes, o quienesquiera que sean sus compradores, no piensan en ellos como una empresa. Piensan en sí mismos como seres humanos, así que usted debe hacer lo mismo.

Incluso si, técnicamente, es una empresa haciendo negocios con otras empresas, igual sigue lidiando con seres humanos. La gente va al cine, tiene hijos y nietos, maneja sus carros y va a la iglesia. Son personas, tal como todos los demás. Entonces, usted siempre es un ser humano haciendo negocios con otros seres humanos y debe pensar todo el tiempo en su empresa de esa forma, de modo que también les hable a sus clientes y clientes potenciales así.

En el mundo B2C, por ejemplo, jamás pensaría: *oh, soy Coca-Cola comunicándome con Steve.* No puede hacerlo. Incluso si lo emplea Coca-Cola, debe pensar como un humano que se está comunicando con otros humanos.

6. Intente ser controversial

Esto es algo que asusta a la gente, pero es muy crítico que esté dispuesto a arriesgarse un poco aquí. ¿Por qué? Porque si no es un poco controversial, si no está retando los límites hasta cierto punto, está casi garantizado que será fácil de copiar.

Ser original y único significa (o *debería* significar) que su empresa no es para todo el mundo. Ser algo controversial reduce un poco a la manada. Las personas que no sean como usted, las personas que no piensen como usted, quizás sean personas con las que de todas maneras no quisiera hacer negocios.

La gente no habla sobre las experiencias normales. Jamás escucha a las personas contando historias sobre cómo se cumplieron sus expectativas, ¿verdad? Escuchan sobre sus experiencias cuando fueron terribles o cuando fueron fenomenales. Ahí es donde entra la idea de ser controversial, pues la gente hablará al respecto y hará que usted sea más fácil de recordar.

¿Recuerda la increíble publicidad de los *jeans*

> **SER ORIGINAL Y ÚNICO SIGNIFICA (O *DEBERÍA* SIGNIFICAR) QUE SU EMPRESA NO ES PARA TODO EL MUNDO.**

de Calvin Klein de 1980? ¿Esa que mostraba a una joven Brooke Shields diciendo «nada se interpone entre mis Calvins y yo»? Si tiene la edad suficiente, me imagino que la recuerda. Está claro que estos *jeans* no eran para abuelas, pero la audiencia objetivo de ellos no eran las abuelas. La publicidad sorprendió a muchísima gente y generó controversia y conversaciones. Pero la audiencia a la que pretendían venderles los *jeans* amó la publicidad y Calvin Klein vendió un *montón*. Eso fue un uso desvergonzado y brillante de la controversia para diferenciar a su marca, y sin duda fue algo original y único.

¡Y no creo que tenga que convencerlo de que Donald Trump hizo una campaña muy controversial para convertirse en presidente!

7. Recuerde que lo que usted realmente vende es enganche y la experiencia que la gente tiene con su marca

El producto que entrega es solo un recuerdo, una pieza tangible que la gente puede mostrar para decir «esto es lo que pagué para que me dieran». Pero, en realidad, por lo que pagan es por el valor de su conexión con su compañía, lo cual es mucho, mucho más alto que el del producto en sí mismo.

***

Cada parte (desde el mercadeo original y único hasta crear experiencias originales y únicas, el robo de genialidad y crear estrellas de rock) debe moverse al mismo tiempo. Cada pieza del rompecabezas debe conectarse con la siguiente.

El negocio de hacerse original y único es como un truco de magia. Jamás me canso de hacerlo frente a mis clientes porque su respuesta se parece mucho a la que tendrían si me vieran sacar un conejo de un sombrero: ojos muy abiertos y expresiones de «ahhhh» y «ohhhh». Eso es divertido, pero mi verdadera misión es mostrarles a ellos, y a usted, que hago ese truco para comprobarles que también son capaces de hacerlo.

La historia original y única

SU INGREDIENTE SECRETO

Quizás sea demasiado joven como para recordar esta situación demente. En 1983, la muñeca para niñas que más se vendía durante la temporada de Navidad era la Cabbage Patch.

En ese entonces, era una locura porque estaba en todos los grandes almacenes: Sears, JCPenney, Toys"R"Us (sí, era muy grandes en 1983). ¡Y casi hubo hasta disturbios! Solo asignaban unas cien muñecas por tienda. Pero había, literalmente, miles de personas en cada almacén intentando comprar las muñecas, cosa que convirtió eso en una noticia nacional. En algunas ubicaciones, hubo reacciones violentas.

En cuanto a los niños, en 1983, el juguete más vendido era una réplica de tres ruedas de una Honda ATC a control remoto. Se llamaba la Dust Runner y la hacía la Shinsei Corporation, una empresa japonesa. Sé al respecto porque fui el vicepresidente internacional de ventas y mercadeo de la Shinsei Corporation. Eso me convirtió en una especie de leyenda menor en la industria de los juguetes. Ahora, no me malentienda, no vendimos millones de juguetes como los de Cabbage Patch. Pero sí tuvimos mucho éxito en 1983.

Una de las primeras lecciones más importantes que aprendí sobre cómo funcionan de verdad los negocios es que, cuando se es exitoso en algo y empieza a obtener reconocimiento, otras personas querrán copiarle el éxito. Claro, al año siguiente, otra compañía japonesa llamada Nikko produjo una réplica casi idéntica de la Dust Runner. Como resultado, nuestras ventas bajaron bastante. Esa fue mi primera experiencia con que me copiaran porque era exitoso, pero no la última. Es interesante porque cuando trabajo con corporaciones como consultor o cuando hablo frente a audiencias de todo el mundo, escucho quejas similares. La gente dice: «Steve, mire que se nos ocurren ideas geniales, pero ¡nuestra competencia nos las copia!».

¿Ha tenido experiencias similares? Se le ocurrió una idea para ser mejor, más rápido, más bonito y quizás incluso más barato, pero ¡la maldita competencia se lo copió todo! Incluso le quitaron la idea y la hicieron un poco mejor, un poco más rápida, un poco más bonita... ¡y hasta un poco más barata!

Pero ¿y si lo ve al contrario? ¿Alguna vez ha visto una idea de la competencia y pensado «puedo hacerlo mejor»?

Mi experiencia con la Dust Runner me enseñó mucho sobre la competencia. ¡Aprendí que el éxito atrae atención! Esa es la naturaleza de esa bestia. Si puede copiarse y parece ser exitoso, entonces alguien lo copiará.

Aquello también me enseñó a hacer lo mismo: cuando veo una buena idea de la competencia, la copio y la hago incluso mejor.

Muchos años después, me di cuenta de que esa no era una estrategia ganadora a largo plazo porque, inherentemente, nadie le compra a uno porque sea similar a la competencia.

Ahí es cuando empecé a pavimentar el camino para desarrollar mi filosofía ORIGINAL Y ÚNICO.

¿Notó lo que hice? Le conté una historia. Compartí una historia con usted sobre una experiencia de aprendizaje muy fuerte que tuve en mi vida profesional. Es una experiencia que casi cualquiera que sea dueño de un negocio o esté involucrado con el diseño de un producto, la producción, las ventas o el mercadeo ha experimentado en carne propia.

Mi historia tuvo tres elementos principales.

El primer elemento fui yo, el Protagonista. Soy el personaje principal. Describí quién era y qué me correspondía a mí en la compañía. Quería que me identificara de alguna manera. Estaba diciendo «¡soy como usted! ¡Tenemos algunos de los mismos problemas y retos!». Quería que se viera a sí mismo en mi historia. ¿Funcionó?

El segundo elemento fue el Conflicto. Después de amasar algo de éxito en mi primer año con la Dust Runner, una compañía malvada y muy mala se robó nuestro concepto ganador, lo copió y lo sacó al mercado. Como resultado, al año siguiente, nuestras ventas bajaron bastante. ¡Eso no es justo!

El tercer elemento fue la Resolución. Aunque me tomó varios años de estar dentro de ese juego y círculo vicioso, por fin me di cuenta de que tenía que existir una manera mejor de competir. Me di cuenta de que no era suficiente con ser mejor que la competencia, sino que ¡tenía que ser relevante y valiosamente diferente! Eso me impulsó a empezar a recorrer el camino para desarrollar la filosofía ORIGINAL Y ÚNICO.

Contar historias puede ser una herramienta poderosa de *mercadeo* y de *creación de marca*, en especial para los negocios B2B. Esto encaja a la perfección con las tres estrategias originales y únicas: creación de marca, innovación y experiencia. De hecho, puedo incluso decir que ¡contar historias es el ingrediente secreto para convertirse en alguien o algo original y único!

¿Recuerda cuando, en el capítulo uno, escribí algo sobre usar las historias y los mitos como parte de su estrategia de marca? Le compartí dos historias de Nordstrom. Sé que una de ellas es cierta porque le pasó a mi esposa. La otra no la puedo corroborar. Pero ambas historias reforzaron la estrategia de marca de Nordstrom de tener un servicio al cliente de clase mundial. Sin esas historias como «prueba», su promesa sonaría vacía. Tal como sucede con miles de compañías de cada industria, las cuales dicen que prestan el mejor servicio al cliente, pero no comparten pruebas reales que lo demuestren.

Eso es lo que tienen las historias. Y a nosotros nos han programado para contarlas. Nuestros libros de historia, clases y presentaciones están llenos de historias. Así es como se ha registrado principalmente la historia, de hecho. La gente observaba un evento y luego compartía su versión de lo que vieron. Contaban una historia. En algún punto eso se registraba y con el tiempo se convertía en una lección de historia... a veces con detalles exactos y a veces no.

Las personas se conectan con las historias. Las historias pueden crear imágenes mentales de quién es usted, de qué es su compañía y de qué es lo que defienden. Son las «pruebas» de sus promesas. Resuenan con sus alces y crean un lazo invisible entre ellos y usted. Las historias ayudan a sus alces a sentir que usted los comprende a ellos y a su situación.

Las historias son fáciles de recordar y de compartir. ¿Recuerda la historia de Harley-Davidson del capítulo tres? La he compartido en cientos de discursos y consultorías por todo el mundo. Mis clientes y audiencias la aman. De hecho, ¡a menudo me piden que comparta esa historia *de nuevo* cuando me piden que vuelva! Es como la canción más popular de una banda de rock. Es un ancla que hace que la gente me recuerde.

Las historias humanizan a su compañía. Patagonia siempre ha sido genial contando historias. En los 90, su misión era no causar daños innecesarios y ser conscientes del impacto de su cadena de abastecimiento en el medioambiente. Con frecuencia, la compañía no solo compartía historias de cómo diseñaba y fabricaba sus productos para lograr eso, sino cómo ellos y sus empleados estaban involucrados con diferentes causas a lo largo y ancho del planeta.

A finales del 2018, Patagonia aumentó su compromiso ambiental. Cambiaron su misión a: «estamos en el negocio de salvar a nuestro planeta». Rose Marcario, directora ejecutiva de Patagonia, explicó así el cambio: «no solamente queremos causar menos daño. Necesitamos hacer más cosas buenas». Sus historias aclaran las ideas y resuenan con los alces, creando una conexión emocional más directa.

Patagonia usa uno de los siete tipos de historias que se describen en los siguientes párrafos. Veamos cuáles son esos siete tipos.

Historias de origen

Un día, Howard Schultz iba caminando por la calle durante sus vacaciones en Italia. Por toda Europa hay un montón de pequeños cafés con mesas en los andenes. Vio que la gente se sentaba allí, sin prisas ni aceleres. Las personas se sentaban allí durante horas, hablando entre ellas o leyendo. Pensó que eso funcionaría genial en los Estados Unidos. A la gente le gustaría tener la oportunidad de visitar un ambiente en donde pudiera relajarse con una taza de café y quizás con algunos amigos.

Ese fue el origen de los Starbucks, cuyo objetivo era crear un «tercer lugar» en nuestras vidas. Ya tenemos el lugar en donde vivimos y el lugar en donde trabajamos. Starbucks quería ser ese «tercer lugar» y ocupar una parte importante de nuestras vidas.

Aunque hay miles de Starbucks alrededor del mundo, cada uno intenta ser lo más local posible. Es común entrar a un Starbucks y que se sepan su nombre y qué bebida prefiere. Puede sentarse y relajarse en su propio lugar y en su vecindario.

¿Cómo empezó su compañía?

Historias de clientes

Tuve el gran honor de pasar dos días actuando como consultor para Gallery Furniture en Houston, Texas. El dueño de Gallery Furniture es Jim McIngvale, conocido localmente por los comerciales de televisión en los que aparece como «Mattress Mack».

De hecho, Jim es un héroe local por el rol que tuvo al ayudar a los habitantes de Houston que quedaron afectados por el huracán Harvey en noviembre del 2017. Puede leer más acerca de eso en su estudio de caso del siguiente capítulo.

Jim ha hecho que sea un mandato para su equipo que busquen maneras de ir más allá a la hora de cuidar a los clientes. Una vez estaba en una reunión con el personal de apoyo y él preguntó si había alguna historia que alguien quisiera compartir. Y hubo unas historias *maravillosas.*

Una de mis favoritas tuvo que ver con la entrega de unos muebles a una granja en las afueras de la ciudad. Jim les indica a sus repartidores que siempre pregunten si hay algo que puedan hacer por el cliente después de que se haya hecho la entrega. Y eso es *valiosísimo*.

La mujer de la granja dijo que su esposo había tenido un accidente el día anterior y le estaba costando mantenerse al día con sus tareas. La entrega se hizo casi de noche y ella les dijo que aún le hacía falta alimentar a las vacas y ejercitar un poco a los caballos.

Los dos repartidores de Gallery Furniture se pusieron manos a la obra. Los dos tenían experiencia en granjas, así que uno salió, se montó a un caballo y empezó a cabalgar. El otro se fue al granero y comenzó a alimentar al ganado. En más o menos una hora, las tareas estuvieron hechas. La mujer estaba extática y los repartidores se devolvieron a la bodega.

Le aseguro que esa mujer le ha contado esa historia a todos sus amigos y que será una clienta de Gallery Furniture de por vida.

Cada compañía dice que tiene el mejor servicio al cliente, pero son las historias como esta las que se vuelven legendarias. Las compañías como Nordstrom, Zappos y Gallery Furniture crean mitos memorables que pueden compartir. Gallery Furniture tiene más de los que puede contar.

Historias personales de momentos clave

Alexander Graham Bell era un inventor, científico, ingeniero y hombre de negocios al que se le atribuye la creación del primer teléfono.

Su padre, su abuelo y su hermano habían estado involucrados con ayudarle a la gente sorda a poder comunicarse mejor a través de terapias de elocución y habla. Tanto la madre como la esposa de Bell eran sordas, lo que hizo que él experimentara con ayudas auditivas.

Al final recibió la primera patente de Estados Unidos para el teléfono en 1876.

Para hablar de algo más reciente, considere la razón por la que se fundó I Do Now I Don't (IDNID), una plataforma en línea de venta de joyería usada.

La historia de IDNID empezó cuando Josh Opperman volvió un día a su casa para darse cuenta de que su prometida lo había dejado y se había llevado todas sus pertenencias… excepto su anillo de compromiso, el cual le había costado 10.000 dólares.

Opperman fue a intentar venderle de vuelta el anillo al joyero al que se lo había comprado, pero el hombre únicamente le ofreció el 30% del valor original. Sintiéndose insultado, Opperman vio una oportunidad en ese momento clave: conectar a vendedores y compradores de un gran mercado desatendido.

Su perfil de LinkedIn dice: «desde su fundación, IDNID se ha especializado en operar una plataforma de ventas confiable de joyería de bodas, compromisos rotos y divorcios, permitiéndoles a más de 250 vendedores con el corazón roto recuperar más del 50% del dinero que gastaron originalmente y a unos felices compradores recibir más de un 40% de descuento en joyas».

Historias de quejas

Existe un viejo dicho que reza que todas las políticas están basadas en quejas. Lo mismo puede decirse de algunos negocios.

Piense en dos negocios en línea: Warby Parker y Harry's.

Uno de los cofundadores de Warby Parker perdió un par de gafas mientras estaba en la universidad. Esta es la historia que aparece en la página web de Warby Parker:

Cada idea empieza con un problema. El nuestro era simple: las gafas son demasiado caras. Éramos estudiantes cuando uno de nosotros perdió las suyas en un viaje de mochileros. El costo de reemplazarlas era tan alto que él se pasó el primer semestre del pregrado sin ellas, forzando los ojos y quejándose (no le recomendamos hacer eso). El resto de nosotros había tenido experiencias similares y nos sorprendió lo duro que era encontrar un marco que no nos dejara en bancarrota. ¿Qué opciones teníamos?

Resulta que hay una explicación sencilla para eso. La industria de las gafas está dominada por una sola compañía que ha logrado mantener los precios altos de una manera artificial mientras acumula unas ganancias increíbles gracias a unos clientes que no tienen más opciones.

Nosotros fundamos Warby Parker para crear una alternativa.

En el 2018, Warby Parker tenía una valoración de mil setecientos cincuenta millones de dólares. Uno de los cofundadores, Jeffrey Raider, encontró otra queja más de la que podía aprovecharse: las cuchillas de afeitar.

Entonces, Raider se lanzó a cofundar Harry's, una compañía de productos de afeitado, con Andy Latz-Mayfield, pues estaban cansados de pagar de más por cuchillas diseñadas en exceso y de esperar a que la persona de la droguería le quitara el candado a las exhibiciones para poder comprarlas.

Aparentemente, las quejas pueden ser muy provechosas.

Historias de misión

Hoy en día, cada vez más empresas están desarrollando un modelo que no sea solo para obtener ganancias, sino también para apoyar diferentes causas sociales importantes. Como lo mencioné antes, Patagonia es un gran ejemplo de este tipo de historia.

Los zapatos TOMS son otro buen ejemplo. Su página web cuenta la historia:

Mientras viajaba por Argentina en el 2006, Blake Mycoskie, el fundador de TOMS, fue testigo de las dificultades que atravesaban los niños que crecían sin zapatos. Para ayudar, creó TOMS, una compañía que donaría un par de zapatos a un niño necesitado por cada par de zapatos que se vendieran. La campaña se llama One for One®.

Lo que comenzó como una idea simple ha evolucionado para convertirse en un poderoso modelo de negocio que ayuda a suplir necesidades y mejorar la salud, la educación y las oportunidades económicas de los niños y sus comunidades en todo el mundo.

Life is Good dona el 10% de sus ganancias netas para ayudar a niños necesitados. Su Life is Good Kids Foundation apoya a hombres y mujeres que dedican sus carreras a ayudar a que los niños sanen del impacto devastador que les dejan los traumas de sus primeros años de vida.

La compañía The Elephant Temple fabrica pantalones supercómodos para mujeres (¡en sus palabras!) mientras mantiene una alianza con el Centro de Conservación de Elefantes de Sayaboury, Laos. El 10% de cada compra se dedica a esos proyectos.

Las historias con el modelo de David y Goliat

La gente ama las historias sobre cómo un pequeño David pudo derrotar a un poderoso Goliat.

Piense en todas las unidades de almacenamiento portátiles que ha visto: PODS, los ReloCubes de U-Pack, 1-800-PACK-RAT, SMARTBOX y las U-Boxes de U-Haul, por ejemplo. En su mayoría, esta industria está dominada por negocios pequeños, los cuales generalmente están dirigidos por una pareja de esposos.

Alquilan unidades portátiles que terminan viajando por todas partes. ¡Imagínese cómo es la pesadilla de manejar el inventario, la facturación, las bodegas y la distribución! Durante años, muchas compañías gestionaron todo en papel, lo que resultó en pérdida de unidades y de ganancias.

Pete Harris y Jim Kaptizke tenían mucha experiencia en la industria y reconocieron la importante necesidad de optimizar los procesos y reducir los costos de esos negocios.

Desarrollaron Omni-View™, una aplicación de *software* que les permite a las compañías de pequeño y mediano tamaño de esta industria manejar con más facilidad su contaduría, su inventario y su facturación.

El problema es que se enfrentaban a la competencia de grandes compañías financieras que les ofrecían *softwares* de contabilidad a las empresas de almacenamiento portátil también. Pete y Jim tuvieron que sobreponerse a la percepción de que eran demasiado pequeños.

¿La solución? Pete y Jim se posicionaron como «especialistas de almacenamiento portátil». Conocían la industria como la palma de sus manos y se enfocaron al 100% en el desarrollo del *software* y en resolver los problemas de la industria con sus habilidades. Comprobaron que entendían los problemas y necesidades a los que se enfrentaban las empresas pequeñas. Hablaban su mismo idioma. Desde que se posicionaron así, su negocio explotó.

Los Goliats jamás tuvieron una oportunidad contra ellos.

La gran promesa

El último ejemplo de historias corporativas es lo que yo llamo «la gran promesa». ¿Qué clase de promesa puede hacerle a su mercado para que sus clientes potenciales y competencia la vean como una promesa *enorme... escandalosa* e incluso *demente*?

Mike Ryan es dueño de Stor-Loc Modular Storage System, una compañía que ya he mencionado en el libro. Stor-Loc fabrica esas cajas de herramientas de lujo que ve en talleres de autos, talleres especializados y otros negocios con necesidades similares. Están hechas 100% en Estados Unidos. Son las Rolls Royce de la industria de las cajas de herramientas.

Mike cree en su producto. La misión de Stor-Loc es simple: producir la mejor caja de herramientas del mundo.

Mike también quería apoyar su producto con una promesa *escandalosa*: ¡una garantía de cincuenta y cinco años! Sin preguntas, se le devolverá el 100% del dinero*.

Mike apostaba (y yo estuve de acuerdo) que su competencia no tendría los *cojones* de igualar su compañía, y tuvo toda la razón.

Mike podría contar esta historia compartiendo su idea de creer y fabricar lo mejor, diciendo que está orgulloso de la manufactura estadounidense y narrando cómo le enseñaron a cuidar a sus clientes. Pero la historia se puso mucho mejor cuando una de las garantías se hizo efectiva.

Parece que uno de los cajones de la caja se dañó durante un envío. Como aquello no era culpa de Stor-Loc, Mike podría haber discutido con el cliente para que reclamara el seguro con la compañía de envío. Pero Mike sentía que su garantía se extendía incluso a ese caso. Aquí está el mensaje que le envió el cliente después de que le reembolsaran todo el dinero:

«Quería agradecerle por resolver el problema que tuve con el cajón dañado de la caja de herramientas con tanta rapidez y profesionalidad.

Me preocupaba que esto se convirtiera en un asunto eterno que me hiciera pelear con usted, con la compañía de envíos y con su empresa de seguros para que me reconocieran parte del dinero. Su manejo de la situación demostró que tiene carácter e integridad. Muchas compañías me habrían hecho negociar con el seguro en lugar de solucionar las cosas rápido con el cliente (aunque el cliente no tenga nada que ver con cómo se empacara el objeto o cómo lo tratara la compañía de envíos).

En vez de permitir que las circunstancias crearan a un cliente insatisfecho, como manejó muy bien la situación, en realidad se ganó a un cliente mucho más leal e impresionado. Ya quiero contarle esto a toda la gente que venga al taller y comentarles lo bien hecha que está mi caja de herramientas y lo grandiosa y confiable que es Stor-Loc, una compañía digna de Estados Unidos».

Las cajas de herramientas son imitables. Lo que es muy difícil de imitar es cuánto cree Mike en sus productos, su manufactura y la capacidad de la mano de obra de Estados Unidos.

Todo el mundo y todas las compañías tienen una historia que contar. ¿Qué tipo de historia tiene su empresa? Quizás hay otro tipo de historia que no se me haya ocurrido.

*Puede que la garantía de cincuenta y cinco años suene extraña. ¿Por qué no una garantía de por vida? ¿Eso no sería mejor?

En realidad, la garantía de Stor-Loc es de por vida. Mike responderá por sus productos incluso después de los cincuenta y cinco años. Pero el número cincuenta y cinco engancha mentalmente a las personas. Es algo memorable sobre la garantía. Algo sobre lo que pueden hablar con sus colegas. Hace parte de la historia.

***

En la introducción, hablé sobre cómo la tecnología lo está comodificando todo, haciendo que sea cada vez más difícil diferenciarnos de la competencia. Pero eso es justo lo que debemos hacer.

No creo que los clientes se fijen únicamente en el precio a la hora de comprar. Creo que los clientes en realidad quieren tener cosas en las que puedan confiar a largo plazo. Las relaciones a largo plazo hacen que las personas duerman mejor por la noche. Las relaciones a largo plazo son mutuamente provechosas si las dos partes están haciendo su mejor esfuerzo por que la otra tenga éxito.

Puede que haya notado que la mayoría de las ideas de mi libro no son tangibles. En su mayoría, los productos y servicios son tangibles. Eso es lo que los hace fáciles de imitar. Genere una diferencia intangible con su creación de marca, innovación, experiencia y manera de contar historias para que su empresa sea original y única.

Para concluir

Al principio de este libro, dije algo obvio: *como la competencia es feroz, usted debe ser original y único.*

Debe separarse de la competencia no solo siendo mejor, sino siendo *diferente*. Ser mejor es importante, pero eso casi siempre se puede imitar; más temprano que tarde. Lo diferente puede ser original y único y puede defenderse.

Aunque este libro apunta en principio a las empresas pequeñas, el concepto de alcanzar una superioridad original y única puede aplicarse a cualquier tipo de organización.

Por ejemplo, ¿cuándo una universidad no es una universidad?

¿Alguna vez ha escuchado del Disneyland de las universidades? Ese título se lo concedió el *Daily Mail*, un periódico británico, a la Universidad de High Point[15]. La Universidad de High Point (HPU) está ubicada en High Point, Carolina del Norte. Establecida como una escuela de artes liberales en 1924, la HPU ofrece cuarenta y ocho carreras de pregrado, cincuenta y una especializaciones de pregrado y trece programas de posgrado.

---

15 Sara Malm, *Is this the best university you've never heard of? The $700 million Disney-style campus complete with an ice cream truck, a movie theatre… and Skee ball!*, Daily Mail, 10 de enero del 2014, http://www.dailymail.co.uk/news/article-2537212/Is-best-university-youve-never-heard-The-700-million-Disney-style-campus-complete-ice-cream-truck-movie-theatre-Skee-ball.html#ixzz4QMt47Hb1.

El artículo *Las mejores universidades de Estados Unidos* del 2017, publicado en *U.S. News & World Report*, ubica a la HPU como primera entre todas las universidades regionales del Sur (es su quinto año consecutivo en el primer puesto) y como primera entre las universidades más innovadoras del Sur (es su segundo año consecutivo en el primer puesto).

En el 2005, el Dr. Nido Qubein fue nombrado presidente de la Universidad de High Point. Me alegra y me enorgullece que Nido sea amigo mío. Nos conocimos en 1986 en la Asociación Nacional de Conferencistas.

Nido es un hombre de negocios, conferencista y autor exitoso. No es un administrador universitario.

Poco después de que Nido cogiera las riendas de HPU, llevé a mi «club» a hacer una visita. El campus y el número de estudiantes era pequeño, pero Nido tenía grandes planes. Compartió con nosotros la visión que tenía para efectuar un cambio enorme y para desarrollar más la HPU, convirtiéndola en una institución educativa de clase mundial; también mejorando la experiencia estudiantil y la preparación para un éxito duradero.

Desde el 2005, la transformación de la HPU es casi difícil de comprender:

• Pasaron de tener 1.450 a 4.000 estudiantes.

• Aumentó el número de profesores de 108 a 300.

• Se adicionaron y se adquirieron 90 edificios nuevos para el campus.

• Se han invertido más de *mil millones de dólares*[16].

---

16 *Office of the President*, Universidad de High Point, http://www.highpoint.edu/president.

Cuando mi club volvió en el 2014 para hacer una visita de actualización, quedamos sorprendidos por lo que vimos. El hermoso campus se había expandido de una manera tremenda, incluyendo mejoras y beneficios como una sala de cine gratuita, un camión de helados gratuitos y dormitorios con televisores de pantalla plana, jacuzzis externos y conserjes. Pero fue la «experiencia educativa» lo que más nos impresionó. Permítame compartirle un par de ejemplos.

Los estudiantes que entran a primer semestre deben ir a un curso llamado *El seminario del presidente sobre habilidades para la vida*. Nido lo dirige y habla de las habilidades esenciales que se necesitan después de la universidad, las cuales casi nunca mencionan otras instituciones de educación superior. Por ejemplo: cómo ganar autoestima, el arte y la ciencia de proponerse metas, las nociones básicas para manejar el tiempo, la importancia de la educación fiscal y cómo hacer presentaciones que persuadan.

Cada uno de los edificios de la universidad tiene un salón de «presentación» que está diseñado para recrear las experiencias que los estudiantes tendrán en el mundo real de los negocios. Cuando a los estudiantes les asignan una presentación, todo la clase se va a uno de esos salones. La Facultad de Comercio Plato S. Wilson incluye una réplica de tamaño real de una sala de operaciones financieras.

1924 Prime es un restaurante de carnes de primera categoría del campus, algo parecido a un Morton's o a un Ruth's Chris. A los estudiantes se les permite comer ahí una vez a la semana como parte del programa pago de alimentación. Pero no es solo un restaurante de primera categoría. El espacio 1924 Prime también es un laboratorio de aprendizaje. Primero, tiene un código de vestimenta. Para los caballeros, se requiere que vayan en camisa de cuello, pantalones de vestir o caquis y zapatos formales o mocasines. Para las damas, se requiere que vayan en vestido, falda o pantalones de vestir. Los *jeans*, las sandalias y los tenis están prohibidos. Durante las comidas, los estudiantes se ven expuestos a la etiqueta social apropiada. También está la Cuisine & Culture Series, una iniciativa que pone en contacto a los estudiantes con diferentes cocinas internacionales y culturales, así como con culturas de distintos países del mundo.

Gracias al liderazgo de Nido, está claro que la Universidad de High Point ha construido su propia caja usando muchas de las estrategias originales y únicas que he descrito:

- Una propuesta de marca fuerte.

- Desencadenantes y anclas.

- Regalos sorprendentes (a mí me han enviado varios después de participar en programas del campus con Nido).

- Crear un club del que los estudiantes quieran hacer parte (¡yo quiero volver a estudiar la universidad allí!).

- Crear una experiencia estudiantil increíble y original y única.

¿Cuándo una feria no es una feria? Cuando se trata del IMTS (Internacional Manufacturing Technology Show).

¿La mayoría de las ferias a las que va se parecen? ¿Pancartas grandes que le dan la bienvenida a la National Widget Expo, las mismas áreas de registro, los mismos salones cavernosos llenos de filas y filas de expositores gritando para que les compre sus productos?

Así no es el IMTS.

De propiedad y producción de la Association for Manufacturing Technology, el IMTS se realiza cada dos años en el enorme centro de convenciones McCormick Place de Chicago, Illinois. Es uno de los eventos más grandes del mundo: el IMTS del 2016 tuvo 115.612 visitantes, 120.000 metros cuadrados de espacio para exhibiciones y 2.407 compañías expositoras.

Lo que hace que el IMTS sea original y único es su compromiso único con los visitantes y con los expositores.

En lugar de tener una gran pancarta que les dé la bienvenida a los visitantes, tienen un globo aerostático personalizado flotando frente a la entrada principal del McCormick Place. Cuando la gente ve el globo, saben que llegaron al IMTS.

Fuera de los salones de exhibición, el IMTS dispone unos *stands* muy interesantes y enganchadores que representan el pasado, el presente y el futuro de la tecnología de la manufactura. Antes de que «impresión en 3D» («fabricación aditiva», como se le conoce en la industria) se convirtiera en una expresión común para todos nosotros, el Centro de Tecnología Emergente del IMTS imprimió el primer *carro* funcional, el cual llamaron Strati. Durante el primer día, las únicas cosas que existieron fueron las cuatro llantas y un motor eléctrico. Una máquina gigante de Cincinnati Incorporated trabajó veinticuatro horas durante los seis días de la feria, creando una experiencia sorprendente continua para todos los visitantes. Al sexto día, el Strati pudo moverse por todo el salón de exhibiciones y dio una vuelta alrededor del McCormick Place.

En otros lugares del centro de convenciones, el IMTS ha exhibido una réplica de tamaño real del avión de los hermanos Wright, un helicóptero Airbus H130 para siete personas, todo el fuselaje de un Boeing 787 y un avión de combate Lockheed Martin F-35 Lightning II Joint Strike.

El IMTS adopta la filosofía de *crear estrellas de rock* al incluir a los actores clave del sector en sus comunicaciones y promociones. Estas estrellas de rock son entrevistadas e incluidas de una forma prominente en imágenes por todo el evento.

El IMTS tiene su propio canal de televisión en línea durante todo el año, pero, lo que es aún mejor, tienen todo un estudio de grabación en el centro de convenciones durante el evento.

Ir a ferias es una clase diferente de herramienta de mercadeo. Aunque permite el contacto en persona, son caras y, honestamente, consumen mucho tiempo para las corporaciones que están buscando nuevos clientes. Desde 1984, el IMTS se ha comprometido a ayudar a los expositores a maximizar su inversión, proveyendo educación extensiva y utilizando los mejores recursos del mundo. Seis meses antes de cada evento, el IMTS organiza un taller gratis de dos días para los expositores, el cual cubre todos los aspectos del mercadeo y las operaciones.

Además, el IMTS ofrece webinarios educativos mensuales y hace pódcasts tanto para los expositores como para los visitantes profesionales. Incluyen temas como el mercadeo, la creación de marca, el crecimiento de un negocio, las perspectivas de la industria y las tendencias.

¿Qué quiero decirle con esto? Harley-Davidson es una motocicleta. La Space Mountain es una montaña rusa. Incisive Computing es una compañía de *software*. La Universidad de High Point es una universidad. Y el IMTS es una feria.

En esencia, cada uno de estos ejemplos es un producto o servicio muy común. Cada uno de sus mercados respectivos está lleno de competencia. Pero cada uno ha adoptado el concepto de buscar estrategias y tácticas que los *diferencien* claramente de la competencia y además los *enganchen* a sus audiencias objetivo.

Han construido sus propias cajas. Son *originales y únicos*.

Ahora, debería notar que cada uno de mis ejemplos de este libro usa diferentes partes de las estrategias y herramientas originales y únicas que le he compartido. No es necesario que las use todas. De hecho, a la mayoría de mis clientes corporativos les recomiendo que usen unas pocas. Revise esas ideas y seleccione un par que resuenen con usted.

Me despediré con una de mis citas favoritas de Frank Perdue de Perdue Farms:

> *«Si puede diferenciar a un pollo muerto,*
> *puede diferenciar cualquier cosa».*

Ahora, vaya y sea original y único.

Ejemplos de negocios originales y únicos

Además de los ejemplos que incluí en los capítulos previos, le pedí a mi hermosa esposa, Kay, que compilara una lista de otras empresas que creemos que son ORIGINALES Y ÚNICAS. ¡Encontró diez ejemplos espectaculares!

Tristemente, ¡un alto porcentaje de negocios no entran en esta categoría! Estamos haciendo todo lo que podemos para arreglar eso ☺.

Dicho eso, si mantiene los ojos abiertos, puede encontrar empresas que sin duda encajan aquí. Algunas están justo frente a usted (Trader Joe's). Otras son como tesoros ocultos (el 5-Point Café). Verá que están a su alrededor si presta atención y, además, son oportunidades buenísimas para robar genialidad.

Un comentario importante: la mayoría de mis lectores, clientes y audiencias están en el mundo B2B. Estos ejemplos son del mundo B2C y la gente me pregunta a menudo por qué escojo nombrarlos.

Primero, es difícil encontrar muchas compañías B2B que sean originales y únicas. No hay muchas maneras de descubrirlas. Para ser franco, las elecciones fáciles son, casi con seguridad, clientes nuestros, los cuales no eran originales y únicos antes de que se convirtieran en nuestros clientes. Lo sé. Nos estoy autofelicitando.

Sin embargo, una razón más importante se basa en los cimientos básicos del robo de genialidad. Uno no busca ejemplos internos. Hay que salir y ver el exterior, pues la manera más sencilla en la que una compañía B2B puede robar genialidad es estudiando a compañías que sean B2C. Recuerde, B2B significa que las personas están haciendo negocios con otras personas. Volverse ORIGINAL Y ÚNICO se trata más de lograrlo a través de la vía más humana de los negocios. Yo he obtenido mis mejores ideas para clientes B2B de empresas B2C. ¿Recuerda a las muñecas American Girl?

Entonces, disfrute de esta sección de Kay. Pregúntese: «¿qué puedo robarme de cada uno de ellos?». Acepte lo únicas que son estas compañías que rompieron las reglas y las rehicieron para diferenciarse de la competencia.

Luego halle la forma de aplicar esas ideas para hacer que su negocio sea original y único.

Eso es robar genialidad.

DAVIS LAW GROUP

https://www.injurytriallawyer.com/

Chris Davis es un exitoso abogado de lesiones personales del área de Seattle. Su firma, Davis Law, se promociona tanto en la radio de Seattle y los canales de televisión como en línea. Todas las publicidades son las mismas: «si ha estado en un accidente de tráfico, llámenos o visite nuestra página web para solicitar el libro gratuito *Los diez errores más grandes que pueden acabar con su caso si tuvo un accidente en Washington*». El libro promete ayudar a las víctimas de los accidentes a entender sus derechos legales y a decidir si tiene sentido que contraten a un abogado.

¿Qué los hace originales y únicos?

El libro que pedí llegó en menos de una semana y contenía toda clase de información. Algunas partes eran de advertencia e incluso alarmistas, detallando las razones por las que los peritos de seguros no siempre están de su lado. El libro incluye casos de estudio y guías sobre quién necesita en realidad a un abogado.

Chris Davis ha usado su libro gratuito para reclamar un lugar único en el mercado de Seattle. Si otro abogado del área imitara la estrategia del Davis Law Group, sería obvio que lo estarían copiando.

El título del libro les habla a los alces de Davis Law: personas que son víctimas de un accidente. El libro da información útil que puede usarse ya sea que usted necesite o no contratar a un abogado. También da información sobre cómo escoger a un abogado y, para el tipo correcto de caso, recomienda a Chris Davis como su mejor opción.

¿Qué podemos robarnos?

- El título del libro alude a la conversación que está sucediendo en la mente del cliente potencial. Actúa como una «carnada para alces» para los clientes potenciales exactos con los que les gustaría trabajar.

- Al hacer una lista de todo lo que necesita encontrar en un abogado de lesiones personales, el hombre «escribe sus propias reglas». Naturalmente, Davis tiene todas las características recomendadas.

- Recibir el libro por correo hace que sea relevante. Funciona porque el correo directo es un medio que ya no es tan común.

- Además del libro, el paquete que recibí incluía un kit de accidentes para guardar en la guantera del carro. Es colorido, compacto y tiene justo lo que se necesita en caso de que esté en un accidente. En la parte de atrás hay una foto de Chris

Davis, su información de contacto y un número de teléfono al que llamar para obtener una consulta gratuita. Eso sirve como una herramienta para mantener a Chris Davis en la mente del cliente potencial cuando dicho cliente esté listo para comprar.

BIG GAY ICE CREAM

https://biggayicecream.com/

Big Gay Ice Cream es una compañía de helados que tiene tres ubicaciones en la ciudad de Nueva York. Su especialidad es el helado suave, el cual, según el copropietario Doug Quint, es un guiño a la cultura estadounidense. Ven el helado como una comida asequible para cualquier edad y se deleitan al crear una experiencia divertida. Se especializan en creaciones que combinan el helado con una variedad de *toppings* y sabores, y muchos de los ítems de su menú tienen nombres con significados ocultos u obvios.

¿Qué los hace original y único?

El negocio empezó por una oportunidad y una coincidencia. Quint, un músico clásico, estaba buscando un trabajo de verano que fuera divertido. Le dieron la oportunidad de manejar un camión de helados y decidió que sería «el vendedor de helados más feliz de todas las calles de la ciudad de Nueva York».

Se divirtió tanto que él y su socio, Bryan Petroff, compraron su propio camión de helados. Lo llamaron espontáneamente el Big Gay Ice Cream Truck hasta que pudieran encontrar un mejor nombre. Sin embargo, el nombre fue todo un éxito y lanzaron un gran negocio. Ahora tienen dos ubicaciones en Nueva York y una en Filadelfia, además de una distribución de comercio al por menor que cada vez va creciendo más.

El nombre Big Gay Ice Cream hace referencia a ambos significados de la palabra *gay* en inglés (alegre y homosexual). Las especialidades hechas a la medida tienen nombres como Rocky Roadhouse, American Globs y el tan popular Salty Pimp. Los ingredientes van más allá de lo que se espera e incluyen aceite de oliva, pretzels y salsa picante de chocolate.

¿Qué podemos robarnos?

- Big Gay Ice Cream está vendiendo mucho más que un producto. Está vendiendo una experiencia divertida, curiosa y única que las personas recordarán y querrán repetir.

- Big Gay Ice Cream es una compañía auténtica y genuina. Es obvio que aman lo que hacen.

- El producto tiene una intangibilidad única. Han combinado sabores inusuales e inesperados, pero lo que los hace original y único es la identidad que le han dado a cada una de sus especialidades. En Big Gay Ice Cream, un cono de vainilla con caramelo y galletas no es un cono, sino un Dorothy.

CASEY, ILLINOIS

https://www.bigthingssmalltown.com/

Casey, un pequeño pueblo rural de Illinois, alberga siete atracciones certificadas como «las más grandes del mundo» por los Guinness World Records. El pueblo de Casey también exhibe toda clase de «cosas grandes» y se ha convertido en una atracción turística popular.

¿Qué los hace originales y únicos?

En algún momento, Casey fue una comunidad granjera y luego un pueblo de muchas fábricas. Para el año 2000, la economía cayó.

James Bolin, un residente local, tuvo una idea: construiría algo que atrajera a los turistas y reviviera la economía. Usó insumos del negocio de su familia, Bolin Enterprises, para construir una enorme campanilla de viento. Después de que los Guinness World Records la certificaran, él lideró la construcción de otros seis objetos que serían «los más grandes del mundo». Además, incluyó toda una colección de «cosas grandes», como un lápiz, una jaula para pájaros, un buzón de correo y una mecedora.

Aquello funcionó. Cuando lo entrevistaron para *CBS Sunday Morning*, el sheriff local comentó: «el tráfico se está complicando ahora. ¡Tuvimos nuestro primer caso de ira al volante hace poco!».

¿Qué podemos robarnos?

- El objetivo de James Bolin era encontrar una manera creativa de revivir la economía del pueblo. Como carecían de un atractivo natural para los turistas, Bolin usó la creatividad y se inventó una razón para que los visitantes se detuvieran y, por supuesto, compraran.

- Bolin se inspiró en el recuerdo de las atracciones de carretera que se encontraban hace años por todo Estados Unidos. Usó el concepto de robarse la genialidad y adaptó una idea del pasado.

- Todas las atracciones son gratuitas y están ubicadas cerca de negocios locales. Los visitantes pueden imprimir un mapa que encuentran en línea o encontrar uno en el Centro de Visitantes. Además de las atracciones «más grandes del mundo», Casey tiene parques, jardines y museos para seducir a los viajeros.

- Todos los objetos «más grandes del mundo» son funcionales, como lo requiere Guinness. El buzón de correo más grande del mundo (con una bandera y una puertecilla que funcionan) tiene escaleras que pueden subirse para tener una gran vista del pueblo. A los visitantes se los anima a que tomen fotos y las compartan en sus redes sociales.

5-POINT CAFÉ

http://the5pointcafe.com/

El 5-Point Café es el antro más antiguo de Seattle. Abierto veinticuatro horas, siete días a la semana, se describe en su página web como «un antro tenuemente iluminado que sirve comida abundante, barata y poco pretenciosa, y que cuenta con una sala de cocteles, por lo general está bastante llena, en la que se sirven bebidas alcohólicas y se dan conversaciones estridentes».

Hay letreros y pegatinas que cubren las paredes con textos como «engañamos a los turistas y a los borrachos».

¿Qué los hace originales y únicoss?

No toleran la intolerancia. Adentro tienen este aviso:

«El 5-Point es un lugar que está abierto a todo tipo de gente, incluyendo la que está en diferentes etapas de ebriedad y que a veces tiene ideologías políticas, religiosas y sociales extremadamente distintas».

También tienen una advertencia sobre el ambiente:

«Si se ofende con facilidad, es muy probable que se ofenda aquí».

No tienen una, sino dos horas felices. Además de la típica franja de 4:00 a 6:00 p. m., ¡puede ubicarse junto a la rockola desgastada y empezar a ser feliz desde las 6:00 a. m.!

En el baño de los hombres hay un periscopio desde el que se puede disfrutar una vista despejada de la Space Needle (o eso es lo que me han contado). Lo instaló el hijo del dueño original y ahora esa característica aparece destacada en casi todas las guías turísticas de Seattle.

No toleran tonterías. En su menú dice:

«Sea amable con nuestro personal. No les tire cosas, no los empuje, no los jale del delantal ni les dé nalgadas. Es más, jamás toque a ningún mesero o mesera de ninguna manera. Cualquier persona que demuestre ser ruda, hostil, conflictiva o que tenga cualquier tipo de comportamiento ignorante con el personal o los demás clientes tendrá que irse temprano».

¿Qué podemos robarnos?

- El 5-Point conoce a sus alces. Atraen a los alces correctos y repelen, literalmente, a los que no encajan. En la primera página de su menú, tienen este eslogan: «borrachos sirviéndoles a borrachos desde 1929».

- El 5-Point tiene «reglas». Conducen el negocio según sus propios términos. Si no le gustan las reglas, bien puede irse a otro lugar.

- El 5-Point defiende algo: rechazan lo políticamente correcto y aceptan la tolerancia.

- El 5-Point tiene un sentido del humor tremendo.

LEE'S DISCOUNT LIQUOR

https://leesliquorlv.com/

Tal como sucede con el 5-Point, Lee's Liquors sabe quiénes son sus alces.

Su página web resume lo que parece ser una tienda de licor típica:

«Lee's Discount Liquor ha estado operando en el valle de Las Vegas durante 35 años. Fue fundado por Hae Un Lee, quien emigró desde Corea del Sur en 1980. El Sr. Lee ha trabajado para asegurarse de tener una gran selección de licores, vino y cerveza a precios bajos. Todo esto en una tienda que le queda cerca a usted».

Lee's Discount Liquor ahora está al mando de Kenny, el hijo mayor de Lee. Siendo una cadena de propiedad familiar, sus tiendas enormes están llenas de una selección muy amplia de cerveza, vino y otros licores. Lee's compra al por mayor, atrae a los clientes con sus precios bajos y usa estrategias creativas para animar a los compradores a quedarse, explorar y comprar ítems que les dejen un margen más amplio de ganancias.

¿Qué los hace originales y únicos?

Lee's Discount Liquor usa vallas y estrategias de mercadeo con mensajes sorprendentes. Tienen una presencia enorme y muy visible gracias a que usan los medios antiguos, los cuales les siguen funcionando. Si maneja por la ciudad, las vallas que tienen son imposibles de no ver.

En sus vallas y publicidades usan el humor... y algo de ese humor es muy cáustico. No todo el mundo entiende la broma. Los que no la entienden en definitiva no son sus alces.

Algunas vallas dicen cosas como:

«Se ve como si yo necesitara un trago».

«Estoy en una dieta de licores. Ya he perdido tres días».

«Yo no le mandé un mensaje de texto, ¡fue el vodka!».

El equipo de padre-hijo aparece en las vallas y en los comerciales de televisión. Hacen caras cómicas y son reconocidos por sus actuaciones extravagantes. No les da miedo verse tontos o reírse de sí mismos, todo mientras están vestidos con traje y corbata.

Lee's ofrece degustaciones en sus tiendas, eventos y clases (¡a mí me convencieron con las degustaciones!). Esos eventos funcionan para darles a los clientes más razones para hacer visitas frecuentes y pasar más tiempo en sus tiendas.

¿Qué podemos robarnos?

- Lee's Discount Liquor tiene una promesa de marca clara y consistente. Está descrita de una manera que resuena con sus alces. Venden licores con descuentos, tienen muchas ubicaciones y ofrecen una gran selección.

- Lee's usa medios que tienen sentido para sus alces. En lugar de adoptar las últimas tendencias; se quedan constantemente en las mentes de sus clientes potenciales.

- Son únicos. Lee's tiene una personalidad que resalta y no temen ser diferentes. Son graciosos, atrevidos e incluso controversiales.

MCMENAMINS

https://www.mcmenamins.com/

Es imposible describir con brevedad esta cadena propiedad de una familia, así que empezaré con la sección de «¿Quiénes somos?» de su página web:

«McMenamins ha sido un lugar de reunión para vecinos a lo largo de Oregón y Washington desde 1983. Fabricamos de forma artesanal nuestra propia cerveza, vino, sidra, licores y café. Ofrecemos una mezcla ecléctica de bares, hoteles históricos, salas de cine, lugares de conciertos, spas, eventos y pura diversión... ¡Únase!».

¿Qué los hace originales y únicos?

En 1985, los hermanos Mike y Brian abrieron el primer bar-cervecería de Oregón. Después de abrir unos cuantos más, incluyendo un bar-sala de cine, su mejor momento sucedió en 1990. Los hermanos tuvieron la oportunidad de comprar un edificio abandonado y dilapidado de Portland, conocido como el Edgefield. Construido en 1911 como una granja pobre, el edificio estaba destinado a ser demolido.

Ahora, cada propiedad de los McMenamins tiene una personalidad única. El Edgefield se convirtió en el primero de muchos edificios históricos que los hermanos restauraron y cada uno ha renacido como un destino único en su estilo. Las locaciones incorporan una mezcla ecléctica de opciones de entretenimiento, desde cervecerías hasta bares, restaurantes, hoteles, spas, salones de entretenimiento y más.

Los McMenamin han mantenido la integridad de la historia de cada locación, incorporando el pasado de la edificación con un festival curioso para los sentidos. «Cuando empezamos, no podíamos permitirnos comprar lugares nuevos y brillantes», dice Brian, «así que compramos los viejos. Estos lugares siempre vienen con historias y nosotros construimos a partir de eso».

¿Qué podemos robarnos?

- El inspirarse en la historia de cada locación hace que cada una sea original y única. Al robarse la genialidad del pasado de cada edificación, cada McMenamins tiene su propia identidad. En una visita reciente que hicimos al Tacoma Elks Lodge, quedamos impresionados por la cantidad de arte, fotos históricas y arquitectura inusual que había, incluyendo bares ocultos e incluso todo un piso secreto.

- «Vendemos una experiencia», fue lo que dijo Brian en una entrevista.

- Aunque no hay dos propiedades iguales, sí hay una sensación consistente de marca gracias a la diversión y los toques casuales, eclécticos e interesantes.

- Tienen un club. Por 30 dólares, puede comprar un pasaporte y obtener «sellos» individuales para ganarse premios. Los sellos pueden obtenerse de muchísimas maneras, las cuales promueven el negocio y las exploraciones. El premio mayor: ganarse la distinción de Viajero Cósmico Certificado.

- Los eventos incluyen actuaciones musicales (a menudo gratuitas), catas de cerveza, clases sobre historia y celebraciones, como su festival anual de Ya Casi es el Día de San Patricio.

(Ambas citas de Brian McMenamin salieron de aquí: https://www.nwtravelmag.com/mcmenamin-brothers/).

TEATRO ZINZANNI

https://zinzanni.com/

El Teatro Zinzanni es el nombre inventado que le puso Norm Langill, el fundador, al teatro-restaurante que se imaginó y creó. Durante cada espectáculo, los comensales disfrutan de una cena de cinco tiempos en una antigua carpa de circo europea. Al mismo tiempo, se entretienen gracias a un humor audaz, *shows* interactivos, música, bailes, hazañas acrobáticas, magia y mucho más.

¿Qué los hace originales y únicos?

Hemos llevado a clientes al Teatro Zinzanni muchas veces. Nuestra reacción favorita fue cuando una dijo: «Steve, ¡ahora lo voy a poner en mi testamento!».

Quizás se haya emocionado en ese momento (hasta ahora, su abogado no nos ha contactado), pero su reacción es difícil de superar a la hora de describir una experiencia que es indescriptible.

Ese es precisamente el objetivo. La meta de Langill es asegurarse de que ninguna presentación se parezca a otra. Puede ir a la misma dos veces, pues tienen varios espectáculos temáticos que van rotando, pero la experiencia será diferente. Algo que es incluso más impresionante es que, en cualquier espectáculo, no hay dos miembros de la audiencia que vayan a tener la misma experiencia. Están sucediendo tantas cosas todo el tiempo que es imposible verlas todas.

La noche se entreteje con un entretenimiento sorprendente y de clase mundial. Durante el espectáculo principal, escogen a algunos miembros de la audiencia para que hagan parte de unos números curiosos y entretenidos. Los juegos de palabras abundan, pero no son demasiado atrevidos para una audiencia de muchas edades (nosotros llevamos a Kelly al *show* cuando tenía unos diez años). Los voluntarios que salen de la audiencia demuestran una vergüenza natural y carismática. Uno de nuestros clientes fue escogido para competir en un juego de citas gracioso que nos hizo reír hasta que nos dolió el estómago.

¿Qué podemos robarnos?

- Langill hizo un robo de genialidad cuando se inspiró en un espectáculo que vio en Europa. Metamorfoseó esa experiencia en una creación nueva y le agregó una mezcla continua de ayudas visuales y sonidos.

- Al final, Zinzanni es una experiencia que es tan genial que es difícil de describir. Es un festín para los sentidos y es tan divertido que va a querer ir de nuevo y contarles todo al respecto a sus amigos. Desde la carpa de circo llena de espejos hasta los disfraces elaborados, cada detalle hace parte de la impresión general.

- El elenco talentoso improvisa muy bien y puede hacer bromas de un momento a otro. Hacer que la audiencia esté enganchada les asegura que cada espectáculo pueda ser único.

- Calidad. Los artistas tienen pedigrís impresionantes. Muchos de los acróbatas, malabaristas, contorsionistas y demás artistas circenses son reconocidos internacionalmente. Muchos incluso vienen del Circo del Sol. El talento es de gran calidad y de primera clase.

TRADER JOE'S

https://www.traderjoes.com/

Trader Joe's es una cadena de supermercados de barrio. Aunque el supermercado promedio de los Estados Unidos tiene unos cincuenta mil ítems, un Trader Joe's tiene menos metros cuadrados y alrededor de cuatro mil ítems, aunque muy bien curados por el personal. La mayoría de los productos de Trader Joe's están empaquetados con una marca privada, lo que les permite cobrar un precio menor y tener más margen de ganancia.

¿Qué los hace originales y únicos?

Al inicio, la identidad de la cadena South Seas se inspiró en un libro que Joe Coulombe, el fundador, leyó en 1967. Fue entonces cuando decidió que su primer Trader Joe's tendría una temática náutica. Los gerentes serían capitanes de tienda y los empleados serían miembros de la tripulación. Cuando se necesita ayuda en las cajas, los cajeros hacen sonar una campana náutica que puede escucharse en toda la tienda.

El ambiente de un Trader Joe's es casual y divertido. Si no puede encontrar un producto y pide ayuda, un miembro amable de la tripulación (ser amable es un requerimiento para ser contratado) caminará con usted hasta la ubicación del producto.

Su boletín mensual, *The Fearless Flyer*, contiene historias, recetas y dibujos hechos a mano. Casual y divertido (las bromas son las favoritas del público), ha sido descrito como «un cruce entre *Consumer Reports* y la *Mad Magazine*». El boletín (disponible en tiendas y en línea) corrobora sus valores: cero alimentos genéticamente modificados, nada artificial y un enfoque en la sostenibilidad.

El equipo de mercadeo se refiere a Trader Joe's como «la tienda de las historias». En las tiendas, puede leer varios relatos, que están junto a los productos destacados, con información sobre de dónde vino el producto, algunos datos aleatorios e incluso razones sobre por qué lo necesita (ahora soy fanática del «*mirepoix*»).

Su pódcast, *Inside Trader Joe's*, iba a tener cinco episodios. Sin embargo, hoy en día, ya van en el número veintidós y seguro harán más. El pódcast es una combinación muy inteligente de entretenimiento y mercadeo.

¿Qué podemos robarnos?

- Venden más que un producto o servicio. Venden una experiencia que está llena de personalidad, diversión y significado.
- Todo lo que hacen es consistente con sus valores.
- Trader Joe's considera que sus empleados son tan importantes como sus clientes y eso se nota.
- Se arriesgan y experimentan.

GALLERY FURNITURE

https://www.galleryfurniture.com/

Gallery Furniture es una empresa privada de venta al por menor de muebles que tiene tres ubicaciones en Houston, Texas. Gallery Furniture vende muebles hechos en Estados Unidos, ofrece entregas el mismo día y garantiza los precios más bajos en todo lo que venden.

¿Qué los hace originales y únicos?

El dueño, Jim McIngvale, conocido como Mattress Mack, es la cara de la compañía y su vocero. Desde que abrió Gallery Furniture en 1981, ha usado su personalidad curiosa y extrovertida para vender muebles y ayudar mucho a su comunidad.

McIngvale es famoso por su generosidad. Se ganó el reconocimiento del país entero cuando, después de que el huracán Harvey desplazara a muchas familias, hizo un en vivo en Facebook e invitó a los damnificados a que se refugiaran en las tiendas de Gallery Furniture. Envió también a los camiones de entrega de la compañía en misiones de rescate. Así mismo, ofreció lugares para quedarse (algunas personas durmieron en los colchones de exhibición), además de comida y otro tipo de ayuda.

McIngvale es reconocido por su filantropía y ha actuado según sus palabras durante muchos años. Apoya una multitud de causas, incluyendo algunas que tienen un significado personal para él. No se siente tímido al respecto. Hace poco tuvo que ser hospitalizado por experimentar algunos síntomas de un posible derrame. Hizo un video desde su habitación del hospital y le recordó a la gente cuáles eran exactamente esos síntomas de alarma. Ayudar a otros es parte de su identidad y así es como conduce sus negocios.

Las causas caritativas van de la mano con el negocio de Gallery Furniture. Gallery Furniture no solo presta sus instalaciones para donar sangre, donar zapatos o donar comida (con frecuencia, incluso ofrecen helado gratis), sino que son muy creativos. Hace poco, la tienda organizó un evento llamado «la Prom del Autismo». Fue un gran baile y crearon una pista pensada para personas sensibles a los estímulos, así como actividades y comida gratis para niños dentro del espectro autista y sus familias.

¿Qué podemos robarnos?

- Mattress Mack siente pasión por vender muebles. Cree en los productos de Gallery Furniture y se esfuerza de más por complacer a sus clientes. Su número de teléfono está en la parte más alta y visible de la página web de Gallery Furniture.

- Sus valores no tienen comparación. Tiene claro su propósito de ser generoso. Eso es más importante para él que vender muebles.

- Integra sus dos pasiones. La gente de Houston compra más muebles por quién es Mattress Mack, afirmando con frecuencia que sienten que están apoyando a caridades locales gracias a sus compras.

- No trabaja en silencio en el detrás de escenas y eso beneficia a su negocio.

THE CHIVE

https://thechive.com/

The Chive es una página web popular de entretenimiento que contiene galerías de fotos graciosas, memes y mujeres con poca ropa. Fundado por los hermanos John y Leo Resig en el 2008, el sitio incluye galerías fotográficas e historias que se centran en ser ligeras y de buen humor. Todas son elegidas por los miembros de The Chive, que navegan por todo internet y revisan la cantidad de material que les envían los usuarios. La página se enfoca mucho en ser generosa, apoya muchísimo a los trabajadores de primera línea y promociona a múltiples caridades.

¿Qué los hace originales y únicos?

Su audiencia es principalmente masculina, siendo casi dos tercios del total. En medio de las historias curiosas y los memes, hay una cantidad de fotos de mujeres sexis. La mayoría de ellas son selfis que las mismas mujeres han enviado. En las fotos se ven nalgas y senos casi desnudos, pero no por completo (la sección favorita de Steve es la que incluye perros).

La actitud es irreverente, divertida, arriesgada y animada. The Chive tiene una audiencia que está muy enganchada y anima a la gente a que envíe sus galerías e historias. El sitio ofrece una solución rápida y refrescante de entretenimiento. Una de las frases que tienen en sus camisetas (sí, The Chive tiene mercancía) es «Keep Calm and Chive On», algo así como «mantenga la calma y siga en Chive».

The Chive no es la primera empresa de los hermanos Resig. Ya han participado en muchas páginas web e iniciativas. Cada vez, dejaron de lado las cosas que no les funcionaban y daban un paso hacia lo siguiente. Ahora continúan añadiendo cosas a su portafolio de opciones de entretenimiento, todo en la página web de chivemediagroup.com.

¿Qué podemos robarnos?

- The Chive conoce a sus alces. Algunos podrían ofenderse por la inclusión de su contenido arriesgado y el lenguaje poco apropiado, pero no sus alces. La marca provee una distracción ligera, divertida y frívola ante las vicisitudes de la vida diaria.

- La caridad siempre ha sido muy importante para la marca. Como Gallery Furniture, The Chive apoya varias causas y a los *fans* les recuerdan constantemente que hacen parte de algo bueno.

- Tienen un club formal. Los seguidores de The Chive se denominan Chivers, Chivettes y miembros de la Nación Chive. Tienen muchos grupos organizados a lo largo y ancho de los Estados Unidos.